AQUARIUS

AQUARIUS

Catcher

一如《麥田捕手》的主角，
我們站在危險的崖邊，
抓住每一個跑向懸崖的孩子。
Catcher，是對孩子的一生守護。

李翊菱教授——著

你的孩子洗澡時會唱歌嗎？

【推薦序】

說故事的人，帶領孩子為小問題釋懷

孫蓉華（《聯合報》科技生活組組長）

二〇一〇年二月，寶瓶出版社要出版一本新書《做到的爸媽請舉手》，請我看看有無興趣報導。因為我長期採訪報導學校教育、親子教養等新聞，聽到有關親子教育的書籍當然很有興趣，抽空到新竹拜訪李翊菱老師，這是我第一次跟她碰面，但那次約半天的匆促相處，卻一直在我心中留下深刻的印象。

翊菱姐姐（容我跟小朋友一樣地稱呼她）有如溫暖的陽光，在她身邊會為她熱心的活力感動。她又是一位很會說故事的人，到現在我還記得她說小時候的經歷，她帶著笑容說著自己童年時的遭遇，有著辛酸，但她給人的卻是一股要向上的力量。她不怨天尤人，把吃苦當成是磨練。更不忘感謝生命中幫助過她的人，那種無私的爽朗，值得學習。

那次訪問後，各忙各的一直沒有時間再聯絡，但偶爾她會寄來發人深省的文章，也是一種互相問候的方式。直到二〇一一年四月，《聯合報》籌畫要推出以兒童為主的專版「兒童天地」，設定這個版就是要給兒童閱讀的版面。想到應該有一個是為小朋友解答問題的專欄，第一人選就是李翊菱老師，感謝她第一時間就答應了。

翊菱姐姐果然是行動派好手，交稿又快又好。我是她的第一個讀者，看她先以孩子的口吻，問問題，再轉換角色以同理心回答問題，令人佩服她對孩童心理的了解。她更以引導的方式，幫忙可能因為粗心，或者根本未好好照顧子女的父母，向孩子解釋。或者以自己小時候的故事解釋，藉以請孩子要為小問題釋懷等等。每週一篇的「心情email」不僅是兒童愛看，相信也是許多父母或者老師們應該閱讀的專欄。它可以協助解決大家的「疑難雜症」，翊菱姐姐不只是親子教育專家，更是兒童心理專家。

這本書是「心情email」的精華，相信讀者可以在本書中找到問題的解答！

【推薦序】

我在乎　我能夠　我來改變

李文蓉（新竹科學園區實驗中學教師）

文化交流傳國粹，食衣住行皆文章

翊菱是個觀察入微的人。十月初德國友誼團來訪，翊菱是新竹地區的總召，指定由我負責「創意春聯」的教學。德國朋友的年齡從五十歲至七十八歲不等，他們對漢字既敬仰又好奇，春聯上除了寫「龍」字外，還有德文的祝福語陪襯，可謂創意十足！隔天我將老先生Klaus的春聯黏在家中牆上，把老奶奶Gisela的貼在辦公室，本人對該次教學的印象僅止於此了。一個月後，我讀翊菱的文章〈多寫國字，打造性格競爭力〉，又勾起更多的回憶。隨著流暢的文筆「重播」當晚的教學實況，過程鉅細靡遺，令我驚嘆不已。

翊菱姐姐來開講，大人小孩皆受益

翊菱極愛小孩，知道人的童年無法重返，但是她深知哲學、文學和美學皆有積極的力量，所以就大力推廣親子教育，使孩童和成人分享她的體會。不論演講或寫作，翊菱都會提醒為人父母者充實自己、身教言教並重，儼然是父母們的教養導師。有時化身為「翊菱姐姐」成為孩子們傾吐心事的對象，除了同理小朋友的感受，也會教小朋友「說話的藝術」、鼓勵孩子們勇於嘗試，更期勉學童成為知書達禮的人。

望山看雲思教養，觀日賞月談美學

翊菱的公寓座落於鄉間，靠山面溪遙望大海，春耕夏耘秋收冬藏的農事盡收眼底。雅舍的視野極佳：朝迎晨曦於書房、暮送彩霞於客廳、晚窺明月於陽台。她又特愛觀葉植物，住屋布置得綠意盎然。豐富的自然景觀使翊菱明白：用心栽培與耐心等待的重要，進而激發更多的寫作靈感。

十一月，頭前溪畔的稻子結實飽滿，在九降風吹拂下，金黃色的稻穗在綠海中搖曳，預告竹塹的水稻將要收割囉！翊菱是筆耕的農夫，每一字每一句都是她在淑世的心靈中插的秧，經由溫暖的陽光和雨水的滋潤，一篇篇的文章集結成冊，一本好書問世了！

以身作則護家園，天賦恩賜隨之來

《聖經》有言：「污穢的言語一句不可出口，只要隨事說造就人的好話，叫聽見的人得益處。」希望父母們多看孩子的優點，適度給予讚美；即使管教時也能說出造就人的話，讓孩子了解大人的關心。適時運用書中的「實踐方法」，可以幫助父母向外觀察、向內省思，進而將美好的價值觀栽種在孩子的心田裡。

我要引用某優質廣播電台的台呼：「I care, I can, I change!」來呼應翊菱的新書。這本《你的孩子洗澡時會唱歌嗎？》定能產生漣漪效應，誠如作者之序文「方法對，孩子皆可教」，不論是父母或老師皆可從此書得到著力點。希望更多的朋友「在乎」孩子的教養、「能夠」有正確的理念、具備「改變」行為的能力，因而開展出更正面積極的人生。

【自序】

方法對，孩子皆可教——手牽手，一起聽孩子的心聲

希臘哲學家說：「性格決定命運」。因此，關心兒童性格發展教育，成為我的生命信仰。個人長期在國內外，深入探索每一個孩子的命運。心得是不同的居家生活文化，真的為孩子打造出不一樣的「人生劇場」。我曾寫過這麼一句話「孩子最初的人生劇本，是父母所編導的」。孩子的人生劇本，既然是親生父母所寫，孩子的一切行為表現，也是依循導演的指示進行。然而多數人還認為，大人的困擾都是因孩子而起。按照邏輯思考來判斷，真是如此嗎？

有一群勇敢的小朋友，想要修改父母所給的劇本。試著把自己內心的聲音，

化為文字。一字一字鏤刻著他們的心聲，寫到《聯合報》副刊的「兒童天地」，我的專欄裡。

感謝孩子們的信。給我機會可以心誠如一的，為他們解答生命的問題。寫著寫著，我流下對自己孩子懺悔的淚水。寫著寫著，我說出對自己孩子道歉的話語。

感謝孩子們的信。是台灣一群可愛的天使，一語道破為人父母的心防。我開始謙卑，我們都要開始謙卑。原來大人急著明白，要如何解決孩子帶來的困擾問題，其實是害怕面對自己心理的壓力。因為脫離生活習慣，重新學習太嫌麻煩，因此，讓一代代的家族傷害，循環演出。

感謝孩子們的信。是台灣一群菩薩的提醒，我們才能明白，原來「**如何解決父母帶給孩子的困擾問題**」，才是當今重要的生命課題。某位宗教家說：「孩子才是真正的菩薩，他們帶來的問題，讓我們尋找解決之道，藉以增長智慧。」許多人批評現在的孩子言語粗暴、行為粗魯，孩子被壓得喘不過氣來，還慨嘆孩子難教。我們若可以換個角度看孩子的問題，人生會變得不一樣。演講的時候，我最愛引用這三句美國教育界的諺語。簡單明瞭地道破，有情天下父母心，為孩子寫生命劇本時，無意的行為表現。

天下沒有愚笨的孩子，只有缺乏耐心的父母。

天下沒有懶惰的孩子，只有催促很急的父母。

天下沒有不可教的孩子，只是沒有找到教的方法。

我要說：「方法對，孩子皆可教。」這是一本可以讓您與孩子手牽手，根據孩子的真實心聲，一起來閱讀討論的書，也是忙碌父母的工具書。與小讀者往返的書信，可以直接提供方法給教養者，如何解讀孩子的生活困境。重要的是和孩子對話的技巧。除了孩子的生活問題外，我還藉著許多真實故事，在「教養者不可不想的事」之篇幅裡，提供極細微但重要的生活大小事。例如，從看似簡單的飲食問題，卻足以影響孩子的學習能力談起。也陪伴父母延伸思考。請教養者細心回想，反問自己，受原生家庭點點滴滴的影響。

書海茫茫，選擇困難。優質的生命品質，需要清楚明確的人生方向。當生命方向確立，就需要有好的方法來支援。因此，我提供了「實踐方法」。以最務實且容易在生活中實踐的方法，給教養者參考。天下沒有不愛自己子女的父母，但曾有俗語勸戒：「要懲罰一個人，就讓他做一件後悔的事。」我們都愛孩子，所以要小心用對方法。別讓無心之過，成為終生的懲罰。

感謝《聯合報》科技生活組組長孫蓉華在兒童天地開版時，邀請我為孩子們寫專欄。此書的誕生，是因為《聯合報》長期關心兒童教育，特別開闢了「兒童天地」版面，讓台灣的小朋友有紓發情緒的管道。專欄一出，讀者迴響很大。許多爸爸媽媽閱讀後，能得到共鳴或提醒。也要感謝寶瓶文化出版社，社長兼總編輯朱亞君小姐。在閱讀第一篇專欄後，便告知我要出這一本書。沒有她賜予的溫馨壓力，此書無法問世。

目錄

之三 身心調合，改善有方法

之四 一沙一世界，陪孩子看天下

之五 培養勇氣，愛要說出來

之一

快樂學習，為父母解憂

手機世界問題多

會讓孩子覺得父母偏心，說穿了是教養者內心過於忙碌，不願意花時間學習認識自己的情緒。每當遇見生活裡的麻煩，幾乎不喜歡花時間用心思考或謹慎處理，常以最簡單的打罵方式，只要孩子停止胡鬧即可。

小小讀者信箱

Q：我是聖儀，小學六年級。姐姐在四年級時就有手機，而我都要升國中了，媽媽仍然不買給我。覺得媽媽偏心，較疼愛姐姐，我很生氣但又不敢說，怎麼辦？

A：我說聖儀小朋友，猜你是男孩對吧？我們一起來想清楚些，你真的是因為手機的問題，而生媽媽的氣，還是嫉妒姐姐，覺得媽媽偏心，特別疼愛姐姐而生悶氣？如果是單純手機的問題，我想你應該體諒媽媽的心情。因為在我們的社會上，女生通常容易受欺負。媽媽擔心姐姐若是遇到困難，或有任何緊急的意外發生，希望讓姐姐馬上可以找到家人幫忙。那聖儀會說：「難道我就不是人嗎？」當然，你若遇到問題一樣重要。但媽媽相信男孩子外表比較強而有力，遭遇的問題應該比較不是身體會受傷害的那一種。其實，你可以找個時間，好好和媽媽談一下，看看到底真實情況是什麼。

我好想了解聖儀希望擁有手機的目的。是想打電動，還是因為同學人手一支，唯獨自己沒有覺得落伍，好沒面子？翊菱姐姐其實跟你一樣，是不用行動電話的。有了行動電話，就會被控制。相反的，沒有手機，反而無拘無束地可以做自己。你一定注意到，當我們到館子吃飯時，帶手機的人都無法安心吃一頓飯。假設爸媽難得有空帶著兄弟姐妹聚餐，圍在一個大圓桌上，等待餐點上桌，此時大夥兒應該是熱熱鬧鬧的，爭著向父母親或爺爺奶奶，把所見所聞一股腦地說完。我們換個場景，每個人都垂著頭玩手上的機器。沒手機的人則望著窗外發呆。爸爸繼續談生意，媽媽與她的姐妹淘談笑風生。這種畫面的「家人」，是不是有點奇怪。

翊菱姐姐要說的是，講電話除了會讓耳朵不舒服外，也因為擔心電話費太貴，重要的話反而說不清楚，造成彼此的誤會。我寧可找朋友慢慢分享心中的所有喜怒哀樂，也不要緊張的跟同學說：「快一點，我的手機快沒電了。」翊菱姐姐不喜歡接到這樣的電話，因為有一種不被尊重的感覺。人人喜歡懂得尊重而且有禮貌的孩子，有沒有手機不重要。記得，行動電話是用來緊急聯絡事情的，而非聊天用的。

教養者不可不想的事

我要說個也是孩子爭寵、只是動機不同的真實故事。

大清早電話作響，這個家長劈頭便說：「最近女兒又跟我關係不好了。」顯然是非常緊急，否則不會連電話裡的寒暄都沒有。

原來他們一家子共同觀賞了一個探討親子關係的節目，節目主題觸痛了正在讀國一的女兒的心。「妳就是偏心啦！家裡什麼事都叫我做，哥哥都不必做，我討厭你們。」錯愕的母親正在享受天倫之樂，好不容易全家聚集，對於女兒忽然間發怒，母親只能依照傳統的教養方式回答：「又不是什麼大不了的事，我只是叫妳幫忙一下需要這樣嗎？我如果不是腳不方便，這些家務事我都自己來了，有叫過你們做嗎？」

凡事自己完成的媽媽，想要對孩子討回公道。因為沒有事先解讀女兒情緒的習慣，她的回應並未讓已經從椅子上跳起來的女兒心悅誠服。做媽媽的一句「又不是什麼大不了的事」讓女兒更委屈。於是冷戰期間，母親半夜起床為孩子蓋被，她說：「天冷我幫女兒拉上被子，她卻寧可蜷縮成一團，也不要我為她蓋被子。老師我該怎麼辦？」

「妳是個聰明的人，懂得求救。」我先讚美她。「但以後要對任何人說話以前，請先深呼吸。再想一想，如果是妳處在情緒不穩的時候，會希望聽到什麼樣的回應才能感到安慰？」「妳女兒傷心的是那一句話。」「哪一句？我說的都是實話啊！」媽媽顯然不敏感於此。我繼續說明：「既然女兒已經幫忙做家事了，而且用心做的每一件事情，對她來說都是大事。她心底希望能得到媽媽的肯定和讚美，卻沒想到媽媽否定了她所付出的一切，所以很傷心哪。」「唉喲！現在的小孩怎麼那麼難教啊，我們小時候還不是這樣長大的。」從小成長在農村裡重男輕女觀念下的這一位教養者仍繼續感嘆：「兒子常常補習，需要每天接送，家裡的事就沒有參與，妹妹就埋怨我偏心，只對哥哥好，該怎麼辦呢？我都不知道要怎麼教小孩了。」「現在更嚴重了，不肯上學，她爸爸用打的也沒辦法讓她上學。」

此處已經看出，父母的偏心往往在不知不覺中釋放。

我認為這個女孩的情緒，已經超出「爭寵」的範圍了。會讓孩子覺得父母偏心，說穿了是教養者內心過於忙碌，不願意花時間學習認識自己的情緒。每當遇見生活裡的麻煩，幾乎不喜歡花時間用心思考或謹慎處理，常以最簡單的打罵方式回應，只要孩子停止胡鬧即可。單憑情緒本能發作的教養模式，全不考慮後果潛藏著深沉的危機，父母不得不謹慎。

最常聽見的合理藉口，就是「上一輩就是如此把我養大的」，或「要不是為了你們我早就如何如何……」。孩子的嗅覺非常敏感，若出現叛逆行為，問題的源頭未必是孩子製造出來的。例如，我的一位摯友，在半百之際才得知自己的身世，原來她喊了一輩子「爸爸」的人，不是親生父親。悲傷在所難免，但經過理性思考並回憶過去的種種記憶，她才終於明白母親從小對她不論言語或身體近乎家暴的行為，所為何來。其母還說了一句讓友人永難忘懷的話：「如果不是妳，我才不會嫁給妳爸爸。」孩子真是情何以堪哪！教養者千萬別將自己的遺憾或恨意，往孩子身上找責任。學著接受過去的事實，原諒自己也原諒當時的境遇，如此我們的孩子才不會成為另一個自己。

求救的母親或另有隱情，當外人不能全然明白真相的情況下，我只能提醒她該做的事情。如，要學會認識自己的情緒，向內探索對孩子偏見的原因。要勇敢面對已經產生裂痕的親情，強迫自己用對的方法修補它。要說孩子能懂且帶著幽默的話語。我很喜歡這句西洋諺語：「智者說話是有話要說；愚者說話是有話想說。」請在「想說與要說」

之間，學會如何真誠的表達。另外，也要學習解讀孩子的心聲，以反問的方式來溫暖孩子的心，先讓她感受到父母的關愛之情，將來孩子才能懂得如何關懷我們。

如何成為不偏心的父母呢？就是要做到懂得隨時平衡孩子的心靈。人生苦短，時光易逝。請深思，既然人的結局都是一去不復返，我們何不珍惜相處時的情緣？

實踐方法

1 學習觀察孩子的心情變化。
2 要小心平衡子女的對等關係。
3 向子女解釋清楚所做的決定。

每天玩電腦的結果

補習的孩子愛打電動，是因為生活無趣。大人常要求孩子要讀詩，但讀的是課本裡的詩，少了一份真情感。因為孩子無法印證，什麼是「一絲幽香」、什麼是「一泓清泉」、什麼是「一聲鳥鳴」。

小小讀者信箱

Q：翊菱姐姐，我叫陳博為，媽媽不讓我們每天玩電腦，到底是擔心我們的眼睛受傷還是怕我們沉迷？

A：親愛的博為，兩者都有啦，你夠可愛的。最近我收了一大堆這樣的信，問題幾乎都和電動玩具有關。可見得現在小朋友的生活，沒有其他內容了，對不對？

現在不快樂的人越來越多。以前我們只有被爸媽揍的時候，會不開心。現在小孩真好命，父母講道理不隨便打罵孩子，不快樂的反而多起來了。為什麼呢？

翊菱姐姐要藉著這封信，來提醒我所有的大、小讀者，我們要過不一樣的生活。翊菱姐姐住在鄉下，四周都是稻田，因此我認識好多、好多務農的家庭。有趣的是，這裡的小孩沒有時間念書，插秧、收割的時候都要全家總動員。這不算什麼，最讓我佩服的是，每天放學後，他們還要赤腳巡田，照顧秧苗成長的所有農事。

這些孩子長大後，不但讀了國立大學，畢業後還成為社會上有用的人。我居住的環境造就了許多名人，如大家熟悉的荒野保護協會創辦人徐仁修先生。他就是出生在我們的鄉下。我們從來不喜歡玩電動玩具，因為只要懂得和大自然相處，觀察蘊藏豐富的大地，我們腳底踩到什麼就玩什麼。最重要的，從小我就要求父母給我照相機，我喜歡到處做記錄。我從來不上補習班，但作文成績總是班上第一。徐仁修先生也從來沒有參加過語言訓練班，但演講處處歡迎。徐先生和我都是野孩子。有趣的是，野地裡長大的孩子，大部分可以成為大學老師。所以鄉下地方的務農子弟，碩、博士生滿街滿鎮都是。主因是他們手腳的末梢神經長期被刺激，活絡了大腦，反應快，功課自然好。

博為，建議你，別一邊打電動，一邊覺得對不起媽媽的關心。沉迷不好，眼睛受傷更糟。孔子說：「什麼是孝順？就是別讓父母擔憂。」偶爾玩沒關係，還是想辦法到戶外探險吧。別忘記，好多電玩設計家，他們設計的軟體，像求生爭奪戰、漆彈射擊等好多電玩遊戲，都是來自真實遊戲而得的靈感。我們為什麼要捨棄戶外的好空氣和具有挑戰性的遊戲？整天躲在客廳或椅子上玩電動，讓脊椎受傷，又影響課業的學習，真是吃力不討好的事。出去野一下吧。

教養者不可不想的事

提出鄉居成長孩子的例子，是要打破迷思。與其擔心禁止孩子玩電動遊戲機，不如讓他們野一下，感受生活的色香味吧。據觀察，補習的孩子愛打電動，是因為生活無趣。如徐仁修先生說的：「眼不見青山、鼻不嗅草香、腳不沾泥的生活，他們的靈性、想像力、生命力，得不到大自然的滋養，而變得缺乏欣賞與想像的創造力。」沒錯，大人常要求孩子要讀詩，但讀的是課本裡的詩，少了一份真情感。因為孩子無法印證，什麼是「一絲幽香」、什麼是「一泓清泉」、什麼是「一聲鳥鳴」。我在《講義雜誌》的「選擇做一個快樂的父母」專欄裡，寫着：

新春時刻，我手捧《詩經植物圖鑑》，心情非常好地在住家附近尋訪《詩經》中的植物。欣賞此書作者的涵養，將古典文學與自然界融為一體，讓《詩經》豐富的文采伴我心靈。

「蒹葭蒼蒼，白露為霜。所謂伊人，在水一方。」我住在田園綠地中，農地主人在休耕時期，栽種一大片油麻菜花，鄰近處又有多姿多采的大花波斯菊，而夾在粉紫與金黃色彩之間的田埂旁，四處延展著蘆花的輕盈柔美。雖無白露點綴，但視野向右望去，負責承引山泉水的大圳霸氣地向西面蜿蜒，水流潺潺聲旁亦有稀疏的蒹葭，一隻大白鷺長期佇立守候著水中的美食，此情此景不正襯托出如夢似幻的煙水景致。

求學時期老師常囑咐我們，春天要讀《論語》，年紀輕的時候完全無法理解此意，如今在浮沉的人生中，體悟了孔子的入世哲學。他要我們在生活裡讀詩、習樂、學禮儀，讓一切真實經驗及感受用來培養自己的內在，並能溫故而知新，活學活用。讀詩可以滋潤我們的心境，在洋溢美感人生的同時，也能頓悟坦然自處之道，自覺的能力由此而生。

但現代的父母普遍焦慮、不快樂，大部分的教養者以為這樣的情緒蔓延也許是「世代相傳」的結果，生活即如此，無須改變。但人都有一顆向上向善的心，特別是為了自己的家或為了孩子，只要有機會、有方法讓自己變得不一樣，我認為每個人都會願意改變。

從小父母專制威嚴，家裡的情緒氛圍全由他們二人掌控。我們兄妹幾人，婚後也患了同樣情緒，缺乏自信，恐懼難安，做事毫無效率。對自己孩子的教養態度，也沒有任何彈性可言。幾乎把母親那一種「慣性陷入憂鬱」的歇斯底里性格，複製得淋漓盡致。我的內心極為清楚這種個性並不好，常為此況感到痛苦，卻也束手無策。直到參與家族治療團體課程後，才發現原生家庭的力量，對一個成長中的孩子影響之鉅。荷蘭哲學家Erasmus說：「情緒和理性兩種力量的對比是二十四比一。」為人教養者不得不慎。為了補足自己一路的失去，後來的日子，便從未間斷地學習有關自我成長的人生課題。

「每個人都希望自己天天快樂，但如何選擇？」老師曾經如此問。我就在「懂得選擇」的學習裡，生命獲得全然的快樂。什麼是我的選擇呢？當生活中的喜怒哀樂、悲傷恐懼、驚訝厭惡、憤怒羞恥，甚至有愛或快樂的感覺時，我都要清楚它們的出處。我選擇冷靜、不衝動地處理事物。有任何情緒想要爆發時，絕對強迫自己，做「轉化情緒」的事。我選擇說適當的言語，使對方明白我真實的感受。

開始練習的時候極度痛苦，想到過去動輒發脾氣，還真是「爽快」，但為了將來，我決定要改變舊時習慣。因此，運用了一些方法每天勤練，不知不覺中，我就養成能夠靜下來思考問題的習慣。人在了解自己的情緒後，就能趨吉避凶，掌控一切。我的方法是，將生活情緒最常出現的頻率，按照先後順序寫下五項，再針對各種情緒檢視出現的人、事、時、地、物，為何發生又如何結束？這種「自我檢視」就是培養換個角度思考事情的習慣，它可以為我們平息怒氣，是處理情緒最好的方法。

若問：「此生最值得的事是什麼？」將回道：「練就今天的性格成熟。」自從學會選擇做一個快樂的自己後，我便開始有心情留意生活周遭的美好事物。雖沒有豐厚的物質生活，但我內心充滿琴棋詩畫的境界。《禮記・經解》：「溫柔敦厚，詩教也。」每個人都想教養出性格溫柔敦厚的孩子，也希望自己的生命能夠安靜自覺。何妨隨新春的萬象更新，重新與自己立約。

可以為自己做一個重新讀詩，讓心靜下來的計畫。把過去寒涼的冬季心情，藉著春風，再度喚醒您的生命意志。願您有個喜樂的新春，新年新計畫，一起讓孩子脫離電動遊戲的世界，帶著他們野一下，感受生活的色香味吧，讓眼能看青山、鼻能嗅草香、腳可沾泥的生活，滋養孩子的靈性，一切會變得不同。請記得，有快樂的父母才有快樂的孩子。

實踐方法

1 請選擇做個快樂的父母。
2 請活絡孩子生活裡，所有的感覺系統。
3 新春時節，帶著孩子找尋《詩經》裡的植物。

孩子，盡力就好

記得，寧可教出一個聰明孩子，而不是帶出一個乖孩子。因為乖孩子長大後，容易自卑、抱怨、自我認同度低、不能獨立、情緒易失控、強迫症等，最重要的是他不喜歡自己。

小小讀者信箱

Q：翊菱姐姐，我是皓程，今年要升國二。我的哥哥都是念第一志願的學校，我很想和他一樣。學校成績必須維持第一名，才能有機會推薦到國立高中。我很努力了，但只能在五、六名之內，該怎麼辦？

A：讀完來信馬上可以感覺到，皓程是個認真而且是自我要求很高的孩子。想必家中長輩也常常得意的告訴身邊朋友：「我家皓程自動自發，一點都不需要操心。」你聽了壓力更大，也跟著想「我絕對不能讓爸媽失望，哥哥很強，我不能丟自己的臉」。皓程，翊菱姐姐要解讀你的名字。皓，明亮的意思。程，有呈現之意(註)。相信你的父母親是希望孩子將來的生命充滿真正的快樂，才能一路呈現明亮。

人生的成就，與念不念國立高中沒有直接關係，請放鬆心情，先不要憂慮名次。不知你聽過這話沒有？「寧可到普通學校，成為一個領航者，而不要到明星學校，做一個辛苦追星者。」每一個人不論高矮胖瘦、學文學武，只要確立自己的人生方向，「鎖住點子」，都可以創造非凡人生。這就是「天生我才必有用」的意思。所以讀不讀名校沒關係，找出自己真正喜歡、有興趣的事物來學習，才是創造未來的關鍵。

國二確實進入升學主義的緊張時期，大家都忙著補習加強成績最弱的學科，每天過著不健康的生活。吃沒吃好，睡沒睡好，以前聽到超幽默的笑話，會抱著肚子笑滾在地板上，現在怎麼都笑不出來了？許多事物好像也都「無感」了。

分享我美國親友寄來的信，其中一句話適合送給你。「Envy is a waste of time. You already have all you need.」這話的意思是：「羨慕是浪費時間的。你已經擁有所需的。」孩子，盡力就好，成績排在五、六名夠好了。挪移一些時間，用來交個可以談心的朋友，因為十三歲結識的朋友情感最難得。

放鬆心情走出教室、走出家門，去探索並找回已經忘掉的生活吧！

註：《文選．陸機．文賦》：「辭程才以效伎。」李善注：「眾辭俱湊，若程才效伎，取捨由意。」

教養者不可不想的事

自我要求高的孩子，一定要注意他情緒方面的反應。焦慮、求完美，會是這種性格特質的寫照。許多父母形容孩子多麼乖巧，處事謹慎，安靜不怎麼說話，於是內心竊喜，還說：「真是前世燒好香啊。」記得，寧可教出一個聰明孩子，而不是帶出一個乖孩子。因為乖孩子長大後，容易自卑、抱怨、自我認同度低、不能獨立、情緒易失控、強迫症等，最重要的是他不喜歡自己。

演講的時候我都會轉告家長，遇到凡事好強的孩子，我們唯一要做的，不是交辦他任何事情，而是不斷提醒他：「你已經盡力囉，我覺得做得很好。年輕時候的爸媽，未必會達成呢，厲害喔。」或「來來來，休息一下吃個水果。明天再看書啦，睡覺去。要記得睡眠才是大腦的營養。睡足了，保證明天頭腦清晰。」

這時候還是有緊張的父母問著：「要升學了孩子不緊張，我倒緊張得睡不好。若不加油，考試不理想如何是好？」我習慣跳開他們的思維，反問：「您現在四十歲，也有了些生命經歷。相信來聽演講一定有目的，是希望找到了解孩子的方法。先請問你快樂嗎？」他們的回答常是：「從小到老全都照父母的安排過日子，畢業後找工作、結婚生子，想想都是走著大家走的路，從來沒有做過自己，覺得自己的生命並不快樂；現在又面臨青少年的孩子問題，頭痛死了。」

「所以囉，您是某大高材生，職場又得意，都有如此的困惑。那我們更應該回顧自己的經歷，留住對生命有意義的事，來影響孩子。而非連你都唾棄的人生樣貌，還拿來逼你的孩子走同樣的路。」在場的聽眾皆默默點頭認同。於是我又繼續說明：「我喜歡你前面說的這句話『從來沒有做過自己』。可見你心底最深處，隱藏這個想法已經很久了。別擔心，勇敢地陪孩子去發現他自己的理想吧。」我認為傳遞觀念太重要了，只要心念一轉，命運隨之不同。與其要求孩子讀名校，搞得彼此不愉快，不如用心了解青少年的人生階段，究竟要如何陪伴他們，才是適合的。

專家們都把十三歲到二十歲定位為「少年階段」。中學六年加上大學前期，也是「自我認識」的階段。除了學校課業外，鼓勵他們多讀傳記。名人傳記的故事，可以滿足青少年對偶像崇拜的心理。勵志文學對此時的孩子來說，有激勵作用。例如，《總裁獅子心》描寫了令人敬佩的嚴長壽先生。他沒有學歷的包袱，卻以負責、認真、膽大、心細的人格特質，成就了傲人的事業。現在孩子欠缺的，正是嚴先生擁有的。閱讀勵志書籍，就是借力使力，不費力的最佳方法。孩子閱讀時，可以一面教他們對照目前內心最大的渴望，一面為現階段的生涯建立目標。

我的助理在兒子念高中時，忽然有一天兒子告訴媽媽，他不想讀高中了。媽媽緊張得問我該怎麼辦。我告訴她高中是基本學歷，一定要完成。如果兒子喜歡技職學習，就先讓他轉夜間部，實際參與後再商討對策。做該做的事，就是教養者本身不能隨孩子情緒起舞，自亂陣腳。先理解孩子不想讀書的原因，再做後續計畫。青少年的興趣通常只能維持三個月，助理之子果然念了一學期的夜校，發現並不理想，所以又轉回日校並考上大學，順利完成學業後，已經計畫出國深造。

讓孩子體驗實際生活是重要的。人的成就呈現，沒有年齡的限制。我們都聽說了「肯德基」創辦人的故事，我自己也是晚發型的人。「小時了了，大未必佳」、「聞道有先後，術業有專攻」的古者智言都在說明，成功不是給年輕的人，而是給準備好的人。

實踐方法

1 陪孩子做生涯規劃。

2 生活時間管理表、上網時間管理表，協助計畫。

3 支持參加社團。

4 注意交友。

5 培養志趣。

有話好說的魔力

要如何說出孩子能懂的話，讓他們願意承諾教養者的要求？首先當然自己要確立原則。父母要求的第一個原則，必須是在孩子能力範圍內可以做到的。第二個原則，先思考自己所用的言語表達是否有助溝通。理性思考一下，這話是「想說」還是「要說」。

小小讀者信箱

Q：媽媽規定我放學後要到安親班繼續補習、寫功課，翊菱姐姐，我好討厭安親班的老師。白天在學校已經被管了，下課後還不自由，我覺得好累。翊菱姐姐可不可以請妳告訴我媽，我想回家做自己喜歡的事。

A：嗨！小可愛妳好。很想答應妳的請求，但我還是覺得教妳方法和媽媽溝通，這樣呢，反而可以讓妳在小小年紀，就能經驗到「有話好說」的魔力喲。

小時候，我也是一個愛生氣的小孩，生活裡的事情只要和預期的不一樣，我就會故意很用力的丟東西，或弄出媽媽不喜歡的聲音，以為媽媽會「和藹可親」的過來安慰我，結果是媽媽非常生氣地揍我一頓，我到現在仍然記得。後來怕挨打，就決定學會說適當的話。現代大部分的父母親比較講理，相信只要小朋友願意說出來，聰明的爸媽一定會重新考慮寶貝的心情。

妳在信裡說：「其實我好喜歡一個人在家看卡通、電影，同學們都會討論電影內容，我只能傻傻的看著同學……」希望和同學有一樣的話題，來增加彼此的感情，對不對？我贊成妳勇敢的向媽媽提出來。但有一個條件，就是一定要做到自動自發完成學校功課的習慣，這也是小朋友應該學習的「責任」。為了讓家人安心，妳可以這麼說：「放學後我可以陪爺爺，在家裡一定會注意安全。我五年級了，老師曾經教我們做計畫表，請讓我試試看自己能不能做到，希望媽媽給我機會。」只要說出自己的想法，不說氣話，相信家人會支持的。記得「有話好說」的魔力很強，下一回再寫信給我，翊菱姐姐想了解結果。

翊菱姐姐還有話要跟妳聊，下星期我們繼續討論。別忘了「兒童天地」見。

教養者不可不想的事

一位讀者告訴我，她的女兒高中畢業考上不滿意的大學，想重考或轉系。這位媽媽本想以自己的觀點主導女兒，正巧讀了這篇專欄，看到這一段「小朋友應該學習的責任」。她說：「我總以為孩子那麼小，讓他們自己做主決定前途，擔心會浪費人生的時間。讀了老師這一篇才知道，原來他們練習決定，可以訓練責任感。所以我就勇敢的讓女兒去嘗試她想走的路。謝謝老師的專欄，我每星期都好期待讀妳的文章喲。」因為閱讀帶來的勇氣與力量，值得讚美。我除了謝謝她對我文章的賞識外，也特別誇讚她的智慧與支持女兒的勇氣。

在培養孩子的「責任感」之前，先要信任孩子。但要如何讓孩子相信「爸媽的支持」是真心的？除了多聽孩子對未來的計畫說明，也要提醒他們只需做能力可及的計畫。讓他們自小就學會，人不可能完美，有能力上的限制。最重要的是，要用「對的語言」和孩子溝通，孩子才能感受到父母的支持與信任。「言」之意，是主動想要談論。「語」之意，是願意與人討論。不論主動或被動「言語」的目的，就是希望對方能明白自己的想法。所以和孩子對話，就要用孩子能夠聽得懂的話來說，否則就成了各說各話，毫無交集的情況。

但是又要如何說出孩子能懂的話，讓他們願意承諾教養者的要求呢？首先當然自己要確立原則。父母要求的第一個原則，必須是在孩子能力範圍內可以做到的。第二個原則，先思考自己所用的言語表達是否有助於溝通。理性思考一下，這話是「想說」還是「要說」。因為「想說」的話是不經思索，可能會禍從口出；而「要說」的話則是經過內心演練。我常與自己玩這個遊戲：在說話前，先向內心問：「若自己聽到這樣的說法，會有什麼樣的感受？」如果自己都會覺得不舒服，那麼對方也會不舒服。此時理性就出現了，因此我立刻改變說法，衝突自然減少。

然而說話之前要先學會傾聽，藉著「有話好說的魔力」的回信，我忽然有了靈感。想和所有教養者分享，我的老師所教之「聽話」技巧，分享傾聽必須遵守六大技巧與原則。

技巧：

一、要集中注意力
二、回應對方話語的認知
三、反問探索
四、控制情緒

原則：

一、營造傾聽環境
二、不插嘴或接話
三、留意自己的身體語言
四、不下評斷

五、覺察非語言的訊息

六、組織聽到的訊息

五、要有同理心

六、培養主動傾聽的心態

我常觀察生活周邊的人，懂得落實以上技巧與原則的人並不多。不是眼神飄忽，就是常打斷人家的話，還說：「對不起，可不可以再說一遍？」最好的傾聽者，就是讓對方把話說完，爾後再藉著你的認知來說明自己了解的程度，反問對方有無修正處。最重要的是，不能一面聆聽一面接電話，或把玩手中的東西。

父母用對的方式與孩子進行溝通，向孩子示範「有話好說」的身教，孩子沒有感受到父母的傲慢、控制、不尊重或權威，魔力因此而生。孩子擁有說明的機會，又有父母的支持態度，孩子的回饋就是「十分」的願意配合。

請記得和孩子對談，必須以孩子心靈的高度來溝通，讓他完全明白，才能達到效果。試試看吧，蘇格拉底說：「沒有經過反省的人生，不值得活。」更替老習慣，就可以改變個人的命運，新的生命品質從此誕生。

實踐方法

1 多閱讀溝通技巧書籍。

2 請以認同、肯定、賞識語氣溝通。

3 不否定對方、不說重話、不給壓力，就能展現說話的魅力。

我是個不快樂小學生

最近的演講我都會以「請問，您的孩子洗澡時會唱歌嗎？」作為開場白，順便調查一下孩子的幸福指數。但聽講者幾乎無法了解孩子洗澡時的情況，也許是生活太忙無心注意，或認為那是不重要的事情。但沒有舉手的父母親都說了同樣的話：「補習或安親班回來都很晚了，第二天還要上學，洗澡都很匆忙。」

小小讀者信箱

Q：翊菱姐姐妳好，為什麼爸媽總是規定我，考試每科一定要九十五分，而且要前三名才行？我希望有自己的時間可以學其他東西，但是放學後直接到

安親班，唯一放假的日子還要幫忙做家事。我不快樂。

（東杰）

A：東杰你好，這封信由你的老師親自送來，感覺很特別。當然她是關心你，想親自在我這兒獲得更多幫助你的方法。你看身邊的人多愛你呀。

讀完來信，深深認同你心裡的壓力。我們一起來想辦法，看看有什麼方式能讓你走出沉重的心情壓力。人家說：「不好的事情，也有好的功能。」這話怎麼說呢？例如，爸媽要求你的成績一定要達到某個標準，讓你心情不好，這就是我們大人指的「逆境」。你也會期待父母給多點愛，但課業壓力不符合你對爸媽的希望，所以「不快樂」就跟著心情繞啊繞的。

你更覺得翊菱姐姐真是「怪咖」，竟説不好的事有好的功能，怎麼回事呀！好啦，別懷疑。就讓我説給你聽。因為你這麼小就懂得傾聽自己的聲音，還很勇敢地寫信給我，這是積極性格的表現，你正在創造提早學習，面對生命挑戰的機會。美國有一位企業家，叫亨利・福特先生。他說：「成功的人，當別人還在浪費時間時，他仍然繼續向前邁進。」這話的意思是成功的人，會找方法讓自己進步。你是內心敏感的小孩，此時能為自己做些什麼呢？我在給許多父母親的信裡面提到，若要孩子大腦倉庫豐碩，就要他們多讀閒雜書。學校所教有限，反而阻礙孩子的學習。所以東杰可以在學校功課做完後，計畫閱讀。讀喜歡的漫畫，增強想像力。讀有情節的小說，增加寫作能力。讀繪本，增加色彩感受力。

為自己安排對的事情，精神有所寄託，快樂自然跟著來。

教養者不可不想的事

最近的演講我都會以「請問，您的孩子洗澡時會唱歌嗎？」作為開場白，順便調查一下孩子的幸福指數。但聽講者幾乎無法了解孩子洗澡時的情況，也許是生活太忙無心注意，或認為那是不重要的事情。但沒有舉手的父母親都說了同樣的話：「補習或安親班回來都很晚了，第二天還要上學，洗澡都很匆忙。」

只有少數幾位媽媽會興奮地舉手，並形容孩子洗澡時唱歌的模樣，她們看起來非常享受孩子的歌聲，而且有一種幸福感。接著我又問：「您自己洗澡時會唱歌的請舉手」，我期待他們會舉手，但一個也沒有。可見得緊張的生活，帶給教養者的壓力指數仍然大於快樂指數。

一個寒流來襲的夜晚，家裡的熱水器突然故障。第二天起了個大早，火速請求協助，來了一位勤勞的水電工程師，以專業的巧手三兩下就修好了家裡的熱水器。於是，我利用難得空檔的時間煮杯熱咖啡，並邀請這一位常到國外進修受訓的工程師一起享用。此刻我的職業病又犯了，問道：「你的孩子洗澡時會唱歌嗎？」

沒料到這位先生以宏亮的聲音回答我：「當然會，我們還會一起洗，一起唱呢！」「我兒子很快樂，因為他國中畢業後沒有繼續升學。」我抓緊座椅，深怕聽完他的話會因為震驚而跌了下來。

原以為傳統家庭的孩子，一定飽受社會風氣的壓力，放了學一定就是補習。在好奇心的驅使下，我一連串發問：「您不在乎孩子的學歷？不要求孩子要有高學歷嗎？不擔心將來的事業前途嗎？不在乎親友的眼光嗎？」他不疾不徐地回答著：「我太太比較緊張啦！一開始她也反對我的做法。我認為一個孩子不喜歡讀書，就別勉強他。當然我跟兒子深談過，問他喜歡念書，還是想跟我一起學水電工程。」原來他的兒子對念書實在不感興趣，清楚地告訴父親，學做水電還可以有一技之長，更重要的是喜歡和爸爸一起相處的感覺。

這位老闆可是一位擁有高學歷的工程師。他與一群具有高度創意的朋友，共組一個完整的室內設計團隊，這團隊的核心價值是「共創關懷老人的社會責任」。這支願意到府服務老人的團隊，即使小如電池更換的事情，他們都樂於幫忙且毫無怨言。

就因如此，常見他帶著兒子，到我家一起做些小工程。我以欣賞的角度，觀察工程師如何陪伴他那理應年少輕狂的兒子。只見這少年以安靜、虛心、佩服的態度接受父親給予的指正，成功的父親不時給兒子掌聲、誇讚。而這服務團隊裡的叔叔、伯伯也跟著讚嘆。我瞄著孩子愉快的神情，是一種自然平實、沒有負擔的笑容呈現。

「你真了不起，好會帶孩子喲！」我真心讚美工程師。

「我只要孩子過得快樂最重要。」他回道。

「帶著孩子除了學技術外，也讓他有機會和長輩相處學習應對，我們一起流汗、一起辛苦，將來我就不必說教，他已經有經驗啦。」

「有時候催他出去和同學玩，他竟然說那要花錢，賺錢很不容易的。小孩沒變壞，我們都很滿足啦。大一點，他想念書就會去念，我不用操心。」

有覺知的父母親，都能從自身的生活經驗，得知生命的真諦是什麼。而此時真正幸福的，是他們的孩子。喜歡淨空法師所談的「覺知」。他說：「宇宙，就是生活環境；人生，是自己；覺知，就是領悟。」延伸淨空法師的話，就是我們每個人應當在生活環境裡，認識自己，並領悟自己的生活需求在哪裡。

請放慢生活腳步，花點時間來明白自己的生活需求，用一點心來理解孩子的先天能力，接受上天給我們的生活條件，一起打造簡單的、快樂的生命。幸福，真的可以很簡單。

實踐方法

1 別成為要求九十分的父母。

2 注意孩子情緒發展，提早憂鬱症將影響後半生。

3 支持孩子學習有興趣的事。

讀生活書超有趣

現在的孩子缺少果斷力，都是父母造成的。一切任由家人安排，少了溝通的過程。心智在此模式長期運作下，大腦接收功能被強化的結果，造成慣性的外在行為。最嚴重的是，長大後沒有鬥志，宅在家中當個啃老族。

小小讀者信箱

Q：我是小偉，在報紙上讀到您對我們的回信，我就很想表達我的心聲。我很羨慕同學常說，他們家裡買了某某牌子的電玩遊戲機。我也想要，但阿爸說：「不能買，把書念好一點。」翊菱姐姐，為什麼大人只會叫小孩念書，煩死了。

A：電動玩具真的很迷人，好玩又刺激，尤其看到同學隨時有新機種，羨慕極了。喲！姐姐我都明瞭你心裡在想什麼啦。我告訴你喔，科技產品每天都在汰舊換新，買不完的。我們來做一個聰明孩子如何？你有沒有聽過「山不轉路轉」這句話？它的意思是第一條路行不通，我們就想辦法找可以通行的第二條路。

我常跟當爸媽的人說，喜歡打電動的小孩，是生活裡沒有培養其他興趣啦！先跟你說，每天在電腦螢幕前待很久真的會傷眼睛呢。翊菱姐姐每天都用電腦寫信給小朋友，視力好容易模糊喲。眼睛看不清楚真的很不便，熟人到你面前不知道要打招呼，他誤以為你驕傲不理人；爬樓梯看不清楚會摔下來。唉！這都是我的經驗。另外，希望孩子努力念書的父母，大部分是他們年輕的時候失學，成家後只能靠勞力賺錢養家，覺得太辛苦，所以他們捨不得孩子受累，「還是在辦公室吹冷氣上班比較舒服」。這是爸爸真正的心聲啦。

我讀過一本很有趣的書《大自然小偵探》（徐仁修著，泛亞文化），是教小朋友到戶外怎麼觀察探索，認識野外可以聽的、聞的、品嘗的、碰觸的各種植物，或是認識號稱野外恐怖分子的危險生物。到現在我還是好喜歡讀這一本生活書，這些觀察學習可以幫助我們的大腦變活潑。人若培養了某些生活興趣，會覺得有成就感。有了活潑的大腦及有趣的生活，學校的學習就不會讓你感到壓力啦。讀書的目的是學習知識，而生活裡面的知識，有時候是超過學校所教的。小偉試試在閒書裡學習「如何學習」，說不定生活有趣後，你就不想打電動囉！

教養者不可不想的事

許多父母不論出國旅遊或國內的休閒活動，「安排目的」都是以自己為出發點。例如，參觀知識性的博物館、參加科學營隊、聽名家演奏音樂會，或著名景點的民宿，看山看海。海外旅遊更是父母的選擇，而非孩子所需。我還發現旅遊時，大人如癡如醉的讚嘆大自然之美，或大啖美食，身旁的孩子幾乎人手一機，玩電動遊戲。

我和大夥兒一樣，孩子還小時常堅定的認為，聽音樂、參觀博物館、看名畫展，這些安排都可以提升心靈層次的薰陶。「好了沒呀，可以走了嗎？這有什麼好看的。」這是孩子發出頻率最多的問號。直到我認真研究青少年、兒童心理學後，再把論文研究落實在教學實驗裡，才恍然大悟，原來現在的孩子缺少果斷力，都是父母造成的。一切任由家人安排，少了溝通的過程，心智在此模式長期運作下，大腦接收功能被強化的結果，造成慣性的外在行為。最嚴重的是，長大後沒有鬥志，宅在家中當個啃老族。

什麼是生活書？回答小偉的信時，在腦海裡的記憶區裡，我調閱了數十年前的一個畫面。有位從法國回來，我非常敬佩的美術老師，他的教學法，是早期在台灣難得一見的「全方位教育」實踐者。這位歸國藝術家，知道我很努力地在台灣推廣兒童的思想教育，因此邀我同行參加他的戶外教學。我們到了一座老美術館。

這是一場沒有按照館內路線圖，一一為孩子導覽畫作的參觀。除了明白孩子不會有興趣外，也不是教學目的。這堂課我們共同創造了參與者生活的價值，以及尊重每個人的發言權。當然無形地落實了「思辨」能力的訓練。

美術老師直接把孩子帶到一幅巨畫前面，請大家席地而坐後，靜觀大如教室黑板的抽象畫。平日吵鬧不休的小學生，「好奇」能使他們安靜。蓄著大鬍子的老師，教學法就像王羲之的書法老師衛夫人，平日帶著孩子觀察戶外自然界的變化。衛夫人教王羲之用感知記憶，運書法寫作之筆；大鬍子老師則是要孩子將平日的自然界觀察感受，用於「話」圖。簡言之，就是結合生活裡的觀察，來訓練孩子說話的能力。

孩子只要走出教室，束縛不見了，取而代之的是天馬行空的想像。「老師，」這孩子忽然跑向畫的前端，手指順著大區塊的線條說：「它好像媽媽說的駱駝故事。」

「那請你說說看，為什麼讓你想起駱駝的故事？」

孩子大方的繼續圈出他的想像：「你們看，這是駱駝跪下來吃草的樣子。這裡像駱駝的隊伍，隔一個間斷的黑點就像駱駝身上的鈴鐺。」

黑白抽象畫的空間，墨色隨意滴落處，讓孩子觀察到線條、點狀、大塊面積的沙漠，更重要的是母親的情感。當時我是助教，立即變換話題，想獲得新的發展。

「我聽見鈴鐺聲了。可以告訴我們駱駝為什麼要繫鈴鐺？」我慣於刺激孩子的思考。

「我知道。因為走在沙漠上太無聊了，牠們想聽音樂。」對的教室空間，對的勇氣。

「才不是咧，呦！駱駝好醜怎麼會想聽音樂？」日常生活的批判模仿出現了。

「為什麼醜的動物不能聽音樂？那牠們的耳朵做什麼用的？」

「聽主人的命令呀，就像我們家只能聽大人的命令一樣嘛。」生活中的心聲出現了。

為了控制時間，我再度分析並延伸話題：「耳朵非常重要，在國外人行道上的紅綠燈，有特別的聲音是專門為視障朋友設計的。如果是綠燈，就會有非常好聽的鳥叫聲。若過馬路的時間足夠，鳥叫聲音就比較長。短促的聲音就是提醒他們準備停止了。」從每個人專注地聽我解釋判斷，相信他們沒有如此的經驗，於是我繼續說明。「關於駱駝的鈴聲，我了解的是駱駝很怕狼。因為狼會咬牠們，所以人類幫駱駝掛上鈴鐺。狼聽見後知道有人保護駱駝，就不敢靠近了。」「小朋友還看見什麼……？」

我們設計的玩法可以讓孩子輕鬆學習生活中應有的常識。集體思辨的過程中，沒有主觀對立；這個橋段讓孩子學會「心平氣和」的討論是有結果的。耐心聽有趣的發言，充滿尊重；這個橋段讓孩子學會「等人說話」是一種禮貌。課程沒有修正的指責聲，充滿快樂；這個橋段讓孩子學會，真正的自由發表，可以懂得分辨是非、尊重存在、笑聲回饋、掌聲回饋、謝謝回饋。快樂的人際關係醞釀，都寫在生活書裡面。

小偉的信讓我回到舊記憶。最近上一個知名電視節目，節目進行中，一個少年對母親的回應，更證實了我的說法。主持人問：「暑假妳為孩子做了什麼安排？」明星媽媽說：「有呀！去年我就帶著兒子到泰國玩哪。」兒子立即修正：「那是妳的玩法。不是我要的。」真是當頭棒喝的回答，相信很多人都有看到這一集節目。

如何重新建立親子關係，又如何培養孩子的興趣，不讓他們專注於電動玩具？首先，用心傾聽，他們內心「真正需要」的聲音。有教養者質疑：「那不是寵壞他們了嗎，將來怎麼教？」請閱讀馬斯洛的人本心理學。當孩子的生理需求，包含食衣住行育樂，未能滿足時，他們不會快樂，不快樂便無法提升發展的需求，如懂事、有禮、積極、主動、正義等等，人們心中的好孩子形象。

再者，帶孩子讀生活書，是重新建立親子關係，培養孩子興趣的唯一捷徑。休閒內容設計要簡單，二選一讓孩子決定。後果由孩子負責，因為是他們的選擇。選擇做個快樂的人，必須在生活中經過不斷的訓練。

實踐方法

1重新思考休閒活動內容。

2參加「父母成長課程」訓練。

3教養者要具備充足的常識基礎，才能引導孩子。

多寫國字，打造性格競爭力

學生辛苦繳交的功課，應多給鼓勵而不是要求撕掉或重寫。除了浪費學習時間外，更打擊學生的學習意願。若發現學生的字實在不堪入目，應檢視的是小朋友的感覺統合問題，其肌肉發展是否正常，或視覺辨識能力是否出了問題。

小小讀者信箱

Q：我是國小一年級的小承，我們每天都有「國語作業」的功課。我最討厭寫國字了，因為每次辛辛苦苦寫的作業，都被老師畫紅圈。媽媽都認為我的字很漂亮，但為什麼老師總是說不好，真討厭。

A：可愛的小承你好。國字真的好麻煩，筆畫多，寫完了還被老師畫紅圈，一點都不好玩。還好有媽媽的鼓勵，你的媽媽真棒。

翊菱姐姐要問你喔，你寫字的時候是怎麼握筆的？這回答很重要。如果你寫字的時候，手掌背是在正前方，好像繞半個圈寫字的話，那你要趕快去買握筆矯正器，重新練習正確的方法。因為手的肌肉還沒長好沒有力氣，如果是這樣，你吃飯時拿的筷子，應該也是半握的樣子。想要大小肌肉長好，小承就要練習游泳、用手練習洗抹布擦地板、多運動。但如果右手寫字時，手掌背是在右側方，就沒問題了。

寫國字雖然麻煩，但耐心一點練習，它還是滿好玩的。你還是要按照老師教你的筆法，一筆一筆的練習。先不要管老師畫的紅圈，只要家人還有自己認為漂亮就行了，這就是自信的開始。寫國字的目的不是比賽漂亮，而是認識字，將來才能夠閱讀，欣賞別人的文章。最重要的是能夠利用文字的力量，寫出自己心裡的想法。

為什麼認識國字就有競爭力呢？你知道，現在世界各地的人都在練習中文。因為會說中國話、會寫中國字，都需要耐心練習。一個人有「學習耐心」的機會，將來就懂得對人有禮貌、懂得耐心聽別人說話、懂得耐心和人合作、懂得耐心幫助別人。你看，耐心練習寫字好處多多。小承，加油！不要抱怨。你將來會是最受歡迎的孩子。

記得學習是為自己，老師的評語不重要。

教養者不可不想的事

這真是令人難忘的相聚，我們接待了幾位來自德國的文化親善大使。為了讓外國友人對中華文化有深度的認識，我們除了安排工藝、飲食、宗教、建築、茶藝等生活文化的認識與體驗外，最精采的一夜，是好友Wendy所策劃的「書法練習」。她果然是名師，竟然可以在短短的時間裡，讓德國友人提毛筆揮毫，而且寫出我一輩子未敢嘗試的「草書」。對她的佩服只有「五體投地」一句話。

指導老師教材齊全地讓在場的學生包含我在內，享受了一場文字美學的盛宴。大桌上展示著小紙傘、扇子、對聯等等舉凡可以呈現書法美學的生活用品，讓德國友人明白，中國文字之美也能用於生活。接著再以字的原形，如日、月、山、水、鳥、牛、羊、魚、龍等象形文字，來說明中國文字的進化。德國人的學習精神向來聞名，當書法老師現場一揮「龍」的草書體，全場驚呼。於是墨寶介紹完後，個個迫不及待地想要親自體驗一下。

負責做攝影記錄的我，在鏡頭下看見德國人不苟言笑，專注地觀察「龍」字的線條。不論臨摹或自發創意，他們以敬重的態度對待異國文化的學習，讓指導老師感動誇讚不已。我回味過去求學時期的書法課，國文老師教我們如何「執筆」。光是提筆練習就花了好幾堂課，同樣是臨摹帖子，但總是達不到老師的要求。品味如此令人稱奇的教學法，我終於明白一件事。原來中學時期的九宮格書法練習，老師就站立在身旁指指點點，要學生立即修正她認為不對的地方，練習紙張不一會兒用完了不打緊，又磨墨又塗改，搞得滿手烏黑才叫人心煩。

就在德國友人盡興「畫龍」的時候，我很難跳出框架中的書法課應有的習字程序。終於忍不住反問Wendy：「妳不在意他們拿筆的樣子嗎？」她回：「寫書法就是玩嘛，就讓他們玩吧。」雲淡風清似的回話，其實蘊藏了奧妙。果然沒有多久，這群外國人自律性出現了。最初他們先和手中的筆醞釀關係，雙眼來回飄蕩在字帖的線條上，不論點、橫、豎、撇、捺、鉤等都能放在適當的空間裡。指導老師在旁邊不停地說：「You are so wonderful!」「How nice!」「Terrific!」「It is so amazing!」全是讚美語言。人都喜歡被鼓勵。被鼓勵的人從不會矯情地說：「喔！我不會寫，寫得不好啦。」他們反而積極的一寫再寫，自動自發的態度說明了「我喜歡，我要更好。」於是龍的草書，就在創造者的觀察中，完成了一帖帖的生活藝術。

一場七十多人的歡送惜別會裡，德國朋友在眾人的歡呼聲中，身著原住民鮮亮的舞衣，端著他們傲人的成績展現「龍」的草書字帖。在充滿掌聲喝采的舞台上，指導老師向大眾說明德國朋友練字的過程。當然我們也以龍的傳人之精神，表演了族群融合的節目。德國友人滿足地道謝，台灣之旅讓他們重新認識漢文化的深度之美。

我喜歡小承母親的態度，練習國字不就是為了能夠識字與閱讀嘛。學生辛苦繳交的功課，應多給鼓勵而不是要求撕掉或重寫。除了浪費學習時間外，更打擊學生的學習意願。若發現學生的字實在不堪入目，應檢視的是小朋友的感覺統合問題，確認其肌肉發展是否正常，或視覺辨識能力是否出了問題。專業的教師要主動提醒家長，孩子可能有如此現象，應及早請職能師檢查。

自信心，是人類生命最有價值的資產。被讚美的孩子有自信，被批評的孩子，長大也會批評人。別忘了，二十一世紀的競爭力奠基於自信。有自信，才能有好的人際關係。職場上的舞台，是留給擁有好的人際關係又有專長的人，而不是只有專業而無自信的人。

實踐方法

1. 請觀察孩子握筆、握筷、坐姿是否正常？
2. 若有異狀，請向職能師請求協助。
3. 不要與有情緒的教師共舞，學習欣賞自己的孩子。

怎麼說話，就怎麼寫作文

現在的孩子都不喜歡寫作。我參加電視節目錄影，主持人問小來賓：「暑假作業妳最怕哪一科？」正好也是作文。我見那可愛的小女生，落落大方地與主持人對答如流，她應該不是不會寫，可能是真實生活體驗太少。

小小讀者信箱

Q：我是讀小六的飛翔，請翊菱姐姐告訴我，學生為什麼一定要寫作文？寫作文是我最大的痛苦。放寒暑假為什麼要寫作業，放假不就是要我們玩嗎？

A：親愛的飛翔，怕寫作文是嗎？我先來猜猜看，你不希望花太多時間寫國字，覺得手好痠。寫作文的時候腦袋空空的，不知道要寫什麼好。寒暑假只想打電動玩具，奇怪的是遊戲裡的音樂聲、人物的吼叫聲，飛翔卻可以記得牢牢的。如果真是如此，那你就多聽錄音故事吧。翊菱姐姐會教你變得愛寫作文喔。

回憶小時候你喜歡讀的繪本，除了故事外，有許多漂亮的色彩。那些色彩不按牌理出牌，例如，樹葉不一定是綠的、皮膚是紫的、鯨魚是紅的、野狼塗口紅等等。當時媽媽並沒有引導飛翔去做其他的聯想。很多人讀繪本的時候，不會發覺奇怪的事，只隨著作家的筆遊來遊去。

雖然你六年級了，我們還是來玩想像的遊戲吧。當哈利．波特利用魔法飛起來的時候，你想到什麼？「我也希望和他一樣，飛得高高的。享受風吹的感覺，享受從高處看到地面上一切都縮小的小人國。我就是那國王。」

簡單的說，平常生活裡的記憶，都可以變成口中要說的話。然後再把想說的話，一個字、一個字，像吃飯一樣容易，不需要更改，不需要加油添醋的寫出來。

例如，「昨天下午五點鐘放學後，筱青要我陪他去買東西。路上差一點被狗追，幸虧一個叔叔很勇敢的幫我們把狗趕走。還好平安回到家，否則媽媽會擔心。」

飛翔，有沒有注意到？寫文章只要有主角、事件、時間、地點，及你心裡真實的感受，就可以寫出精采的作文句子或短文啦。「我手寫我口」，記得，怎麼說話，就怎麼寫文章。

當然，平日多閱讀，寫作文就更容易了。多聽ＣＤ裡面的故事或文章，也可以增加寫作能力喲。

教養者不可不想的事

現在的孩子都不喜歡寫作。我參加電視節目錄影，主持人問小來賓：「暑假作業妳最怕哪一科？」正好也是作文。我見那可愛的小女生，落落大方地與主持人對答如流，她應該不是不會寫，可能是真實生活體驗太少。

我喜歡早期台灣文學家，如林海音女士，她從小隨著家人，離開家鄉到處做生意。因此不同的生活歷練，豐富了她的心靈記憶。讀她的書非常舒服，其文藻優美，相信是來自生活中的對話，與當時所處的文化環境也有關。當我讀了她的兒時生活，裡頭描寫一長輩問她：「妳幾月生的？」林海音小時候如此回答著：「我呀？青草長起來，綠葉發出來，媽媽說，我生在那個不冷不熱的春天。小桂呢？」「青草黃了，綠葉快掉了，她生在那不冷不熱的秋天。那時光，桂花倒是香的。就像你搽的桂花油這麼香。」

文學家的記憶比別人都强，但必須是親身經歷過的。雖有「文人皆大話」的俗語，但用詞優美舒人胸懷的作用，我們卻難以否定。現在的孩子父母都忙碌，孩子習於說著父母所說的話語。問她：「妳幾月生的？」「十一月，天蠍座。」真實缺少了幾分生活的美感。

當然啦！一個人的生活，只在臥室、教室這大小不同的空間度過，一致性的室內溫度，使得大地四季的變化都與他們無關。什麼春綠、夏黃、秋橘、冬紅的生活色彩，完全是生命的絕響。怪不得這個時代的孩子，說話用字再簡單不過了，怕寫作文也就理所當然了。會寫作的人，大都懂得如何表達自我。說話豐富，能吸引身旁的友人，人際關係自然無須擔憂。而能夠懂得自己語文優勢的人，更可以藉詩詞意境來修正人生觀。頓悟辭境中特有的提醒，接受生命的本質，而沒有抱怨。

「惜我往矣，楊柳依依；今我來思，雨雪霏霏。」談的是時間的逝去，空間的變化，人情世故的滄桑，感嘆物換星移的無奈。文辭之美在於短短幾字，卻蘊藏生命哲理。這詩告訴我們，生命撞見困境難免，別再斤斤計較大小事了。與其責怪命運，不如珍惜目前擁有的。這豈不是現在社會最需要的心靈「自我療癒」的好方法嗎？

作文，不是補習可以補出來的，請撥出時間帶著孩子閱讀。閱讀周遭環境的新事物，閱讀教養者對長輩的孝順，閱讀父母恩愛的樣子，閱讀與鄰居敦睦的談笑聲，閱讀每個人的生命價值。有了種種人生的閱讀，哪還會寫不出好文章呢！

實踐方法

1 訓練孩子感知能力。
2 鼓勵孩子多說話。
3 引導孩子的話題。

之二

打破沉默，幫孩子走出困惑

孩子，你真的受傷了

有些教師可能從小都是乖乖牌，一切聽從父母的指令而完成學業。若學習結果不如他們父母的預期，這些教師也可能遭遇了賞罰分明的經歷。換言之，他的生命經驗裡只有「命令」與「聽話」或「懲罰」。

小小讀者信箱

Q：我喜歡畫畫但不太會畫，有一次老師教我們畫一棵大樹、家和花園。我很快就畫好了，趴在桌上睡覺。後來老師很生氣地說：「為什麼不畫畫在睡覺？」我好害怕說：「我畫好了。」老師竟然拿我的畫到黑板上和其他同學

比較，問哪一張比較好？我恨不得把自己鑽到書包裡……

（信之）

A：可憐的信之，你真的受傷了。收到你的信後，我直接和你的母親聯絡，也談了很多。雖然這是許多年前的事情，但已傷害你的自信，造成消極的學習態度。這個老師真不應該做出傷害你的事情。媽媽告訴我這一天準備接你下課，順便在窗口看看你。她親眼看到老師拿你的畫貼在黑板上，還拿了另外兩個同學的畫，三張一起做比較。

信之，翊菱姐姐想帶你一起回憶這段讓人難過的事情，陪你面對心裡的傷害，所以需要再一次地回到過去。媽媽當時含著眼淚聽老師說：「同學們，這三張哪一張最好？那一張最醜？」這時全班同學指著你的畫，媽媽看見你的臉幾乎鑽進書包裡。翊菱姐姐寫到這裡已經眼睛含淚，多麼心疼信之當時的情況。

信之，你現在長大了。相信幾年來和同學及老師相處的經驗裡，一定發現每個人都有不同的樣子。有笑咪咪或臭著臉的人，有喜歡説話或愛生氣的人。我相信那個批評你的老師並不快樂，為什麼？很簡單的判斷，快樂的人不會欺負人。外國有句話説得好：「被批評的孩子，長大批評人。」換句話説，那個老師過去不但「被批評」，也是「被比較」長大的人。只是當時信之的運氣比較差些，遇見這樣情緒化的老師。還好有一個非常愛你的媽媽陪伴你，現在又多了我可以陪你，大家都會陪你走出學習的困擾問題，我們會教你怎麼做快樂的自己，別擔心喲。

教養者不可不想的事

常在社會新聞裡得知，台灣帶著情緒教書的教師頗多，真令人擔憂。當然我們必須承認有愛心，教學認真的老師更多，但媒體喜歡腥羶血淚的題材，本來不欲人知的事一一被揭發。我也要藉此版面呼籲所有為人師表的教書人，對於個人的情緒要有覺知及反省能力，以智慧引導學生向善，如此才能讓「誨人不倦」的精神實至名歸。

許多家長向我抱怨，其實學校常有教師對學生施以暴力。保守的家長敢怒不敢言，若向校長提出檢舉，擔心孩子遭遇更慘，要不就是包庇老師。例如，多所學校都有訓練國手的校隊，聽到最多哭訴的就是教練對學生的身心傷害。我問家長為什麼一定要孩子留在球隊呢？「因為將來有機會為國爭光，孩子考大學就可以加分上國立大學。」可憐天下父母心，忍受一切又是爲了孩子的學業著想。台灣的社會現象，就是喜歡追逐「一窩蜂」。任何流行風潮有個風吹草動，揪團風氣立刻入侵每一角落，包括國手訓練隊。

某國中的球隊教練，因為學生出賽成績不如預期，影響教練的考績，擔心下學期事業不保，竟然在頒獎舞台的幕後踢踹參賽者，使其淤血受傷，還以三字經辱罵。其餘學生見狀不敢動聲色，也沒向家長說明事件始末，是家長自己發現孩子的傷痕，孩子還說是不小心跌倒。我擔心的是，青少年在眾目睽睽之下，讓火爆的教練當場羞辱，受傷也不能尋求母親的慰藉，真是情何以堪哪。試問，少年時期受損的身心，由誰來補救？當然我建議家長要勇敢，不能姑息養奸，讓其他孩子再受傷。據說教練的私生活教人不敢恭維，因為長期受個人的情感、財務問題困擾，不能專心施展專業，而把怒氣發洩在學生的身上。雖然最後由教育局出面關心此事，但教育官員能否保證台灣將來一定不會再有類似狀況發生？我們極為讚賞優質師資，但教育界需要被檢討的人也很多。

我們絕不以偏概全，但為人師表者，更不能有任何「失控」的人格特質。因為樹人的工作影響之鉅，優質教師能扭轉天生條件不足的孩子，給他走向良好性格發展的機會；反之，劣質教師也能將資質不錯的孩子毀之殆盡。說真話，現在的孩子感覺統合失調者眾，造成多樣性的學習發展，為人師要面面俱到實在不易。老師一面教書，一面要管理學生的情緒行為，更不是一件容易的事情。雖有專業輔導人，但往往不見成效。

另一個可能因素是，有些教師可能從小都是乖乖牌，一切聽從父母的指令而完成學業。若學習結果不如他們父母的預期，這些教師也可能遭遇了賞罰分明的經歷。換言之，他的生命經驗裡只有「命令」與「聽話」或「懲罰」。所以出道教書對學生的態度，就是他們父母親所給的經驗，且認為只要是規規矩矩的就是正人君子，我糾正學生沒什麼不對。這說明了老師的能力也是有限制的。所以工作再忙，還是要想辦法安排休閒時間。我認識的許多女老師下課後，通常就直接到芳療中心休息。但畢竟藉著外力紓壓不是長久之計，不能忽略心靈的休息更重要。

快樂的老師才能快樂教學，但又如何選擇做個快樂的人呢？最好的方法就是學會懂得「聽見自己與學習接受」的情緒管理，讓快樂感覺從內在出發。首先別讓個人的能力超過極限，打開內心的眼睛，只要心裡出現掙扎，請停止手邊的忙碌，換個環境與心情，找人聊天、喝杯咖啡、看部電影或買個禮物犒賞自己。暫時的解放，想辦法讓自己愉快一下。更妥善的方法，那就是勇於面對情緒的來源。例如，回顧一下剛才想要發脾氣的原因，從源頭開始想清楚，說不定我們反而會原諒原先惹惱自己的人。然後離開原有的環境去散散步或重新布置房屋，找別人聊聊心事都好。

改變是由小地方做起。學習面對情緒或承認自己的弱處，也是一種覺知。做不一樣的自己，學習接受生命的每一個狀況，可以減少對人事物的抱怨。重新思考，生命對你的意義是什麼？人生不只是有飯吃有錢花就好，而是要懂得儲備更多能力，學習用輕鬆的生活態度來面對一時困境。當然計畫退休後的生活，也是極具意義的事。因為可以完成年輕時候的夢想，心靈就不會老覺得少了什麼似的。

「管理情緒」並無不好，它是一種可以調節心情，並讓我們走向正面思考的貼身工具。請丟棄原有難以自拔或逆來順受的個性，寄情於各種藝術欣賞的學習，可遠離焦躁與紛擾，最後走入「心靜生虛，虛室生白」莊子的境界。這境界告訴我們，只要內心安靜就可以幫助自己認識情緒，帶著快樂的心去教書，台灣快樂學子的笑聲將處處可聞。

實踐方法

1 檢視個人的性格是哪一型的。
2 參加成長課程。
3 閱讀情緒管理書籍。
4 安排各種藝術，捏陶、畫畫、工筆畫、油畫、水彩畫等創作課程。

愛心天使

許多父母他們自己在求學階段時候，是號稱品學兼優的學生，所以很難接受不會念書或成績不理想的孩子。別忘了，每個人的遺傳基因不同，就是出自同血緣的兄弟姐妹，都會有不同的發展。

小小讀者信箱

Q：我好討厭班上的一個同學，每天髒髒的，功課又不好，不論什麼班際比賽，都是因為他的關係，害我們不能得第一名。我們應該怎麼辦？

A：這位同學，你的口氣滿像是班長喔，是吧！我猜你課業成績很優，但個性很好強，是爸媽心目中的理想孩子。不過我非常高興你願意寫信給我，因為你這個問題可以幫助好多小朋友喔。

我小時候很羨慕家裡有錢的同學，他們可以買最好的書包、筆盒，可以到福利社買東西吃，而且最厲害的是他們可以交到好多朋友喔。小時候真的好羨慕有錢人，想做什麼都可以。我可以了解你班上那位同學的心情，其實他也會想跟大家一樣，希望有乾淨的衣服可以穿，希望每天可以洗澡，而且有爸媽陪在身旁做功課。可是他的爸媽或者阿嬤，一定都是為了能讓小孩不挨餓，讓未來的生活更美好，所以必須在外頭努力賺錢，因為這樣，就抽不出時間來照顧他們的孩子。

這同學也許是一個人孤單的長大，心裡沒有安全感的孩子不快樂，也沒有辦法專心讀書或做功課，課業成績自然不理想。所以翊菱姐姐想請你幫一個忙可以嗎？雖然你的年紀還小，但可以試試看。你讀完我的回信時，請你找個時間勉強自己走到這位同學旁邊，然後用關心的說話口氣問：「你吃早餐了沒？我有幫你準備一份喲。」試試看，換一種心情看這位同學，你會更開心喲，因為輕輕的關心可以幫助一個人進步呢，還有「助人為快樂之本」這一句話，是小學時期就會教的，現在正好有機會讓我們來練習，實在太好了。將來同學們會說：「哇！你是愛心天使。」如果你願意教導他的功課，那就更好了。這位同學一定永遠記得你對他的好。

教養者不可不想的事

快樂自信、有積極上進的心、討人喜歡、自動自發、自願與人合作、思維清晰、有組織能力、有創意、懂得關懷別人、喜歡接受挑戰。這是二十一世紀，孩子未來的十大競爭力。可以看出這些條件，其實正是在培養一個具有「成熟性格」的人。也就是說，未來任何一個人的成就，除了事業以外，真正的成功就是具備以上十個條件，人生才能達到自我實現的境界。我們若要打造出成熟性格的小孩，首先要拋棄的是「驕傲」。如果是基督徒，一定清楚在早期的教會，「驕傲」是導致死亡的七大原罪（Seven Deadly Sins）之首。我們真該好好自我反省了。

多年前美國友人寄來這一則簡易生活哲學。我所到之處一定與人分享，在此也不例外，主題是談成功。

Success is...

At age 4, success is not peeing on your pants.

At age 12, success is having friends.

At age 20, success is having sex.

At age 35, success is making money.

At age 60, success is having sex.

成功就是……

4歲的時候，不會尿在褲子上。

12歲的時候，有朋友圍繞。

20歲的時候，擁有性生活。

35歲的時候，能夠賺大錢。

60歲的時候，擁有性生活。

At age 70, success is having friends.
At age 80, success is not peeing on your pants.

70歲的時候，有朋友圍繞。
80歲的時候，不會尿在褲子上。

這是我珍藏多年的幽默人生哲學。依照成功條件的順序排列，循環中的生命對於財富的追求只出現一次。人生若是一個圓，從出生時期開始畫圓圈到生命的末端來承接。聰明而有經驗的人皆知，健康與好的人際關係，才是真正成功的條件，所以在生活中，我們不能灌輸孩子功利與現實的觀念。「求知若渴，虛懷若谷」是大人必須奉為圭臬的生活座右銘，讓孩子有所看見、有所學習，才不至於像寫信給我的孩子那樣，嫌同學骯髒、愚笨。

相信這孩子是生長在凡事被要求的家庭。許多父母在自己求學階段的時候，是號稱品學兼優的學生，所以很難接受不會念書或成績不理想的孩子。別忘了，每個人的遺傳基因不同，就是出自同血緣的兄弟姐妹，都會有不同的發展。人生本就充滿多樣性，所以千萬別用自己的條件去要求孩子和我們一樣。順其自然吧！從小就有「優越感」的人，遇到不如意的事情容易有挫折。常常不甘心，老覺得自己沒有立足之地，都是別人的迫害，甚至到了活不下去的地步，不得不慎。

我曾與詩人余光中先生在某個場合會面，我被派負責接待這位大師。有文化修養的人果然不同。那一晚我與好友前去余光中先生下榻處，準備接他一同前往參加盛宴，路上我有些不舒服，隨口說胃好疼。沒想到第二天才見面，這位文學大師就問我：「胃疼好些沒？」

我真感動余光中先生的細心與關懷。真誠待人的心正如俗話所云：「越成熟的稻穗，越往下垂。」懂得虛懷若谷的人，才教人欽佩。

文學大師也談成功與失敗。他說：「成功和失敗，都必須放在較長的時間和較大的空間裡，才能真正衡量。有些人在有生之年似乎是失敗了，但放在歷史上來看，卻是成就輝煌；反過來說，許多所謂成功的人，都是為小我而努力的，往往不能持久。」

若要孩子不焦慮、不要求別人，請遠離「完美」的追求。趁他們還小，多教會他們和情感有關的事物。如讓座、攙扶行動不便者、說好話、懂分享、願意主動關懷同學。當然，先從您自個兒做起吧。

實踐方法

1. 領著孩子做義工。
2. 閱讀「藝術欣賞」書籍。
3. 接受八大藝術薰陶。

如何成為受歡迎的人

自信的人：有專注力，性格隨緣不強求，不易發怒，不易煩惱，易捨易得。

不自信的人：容易緊張，求完美，易煩惱，佔有欲強，喜控制人。

小小讀者信箱

Q：我是小絜，翊菱姐姐，我好高興有人可以聽我心裡的話。平常覺得自己是一個熱情的人，但當我主動和同學說話的時候，他們全部掉頭就走，非常排斥我。我想融入團體中，但是沒有朋友，請翊菱姐姐告訴我該怎麼辦？

A：我不清楚你和同學之間曾經發生過什麼事情。令人納悶的是為什麼會「全部掉頭就走」？翊菱姐姐只能用猜的囉。

小絜每天要把自己梳理得乾乾淨淨，每天洗頭、刷牙、衣服沒有汗味、穿乾淨的襪子，最重要的臉上都要掛著微笑。先試試看改變自己外表的樣子，不要氣餒，繼續主動向同學釋出你的善意。另外，檢查一下你說話的方式。也許平常在家裡爸媽受爺爺、奶奶時代的影響，比較不會和別人分享快樂，所以不懂得讚美身邊的人。因此你在家聽見的、看見的可能是比較傳統的待人處事方法。交朋友除了內心要有誠意外，說話能力是第二重要的因素喔。就讓翊菱姐姐來教你怎麼跟人說話吧。

首先，不說掃興的話。比如：「有什麼了不起」、「還好啦」、「神氣什麼」、「走開啦」、「很煩耶」、「小氣鬼」、「醜死了」、「懶惰鬼」、「髒死了」、「討厭啦」、「不喜歡」等等。這些句子都會讓人聽起來不舒服，旁邊的人為了保護自己的心情，自然會選擇離開愛說這些話的人。相反的，若我們說出來的話，讓人感到舒服，他們一定像蜜蜂看見花一樣每天來採蜜，趕都趕不走呢。所以要學會「具體讚美」，什麼是具體讚美？舉個例子，甲同學今天穿一件橘色的洋裝，你見到就說：「哇！這個顏色好漂亮喲」，「顏色」就是具體讚美的意思。如果乙同學身上有汗味，你只要說：「回家後先洗澡會香香的喔。」這是具體給同學面子的話，通常人與人之間會生氣，是因為愛面子。所以說話真實而又可以顧慮別人的面子，一定能成為受歡迎的人。

教養者不可不想的事

「優雅」是每個人的企盼，否則為什麼許多名媛出現的場合，大家都爭相欣賞。令人遺憾的是，許多外在的「雅」是金錢堆積的結果。但必須承認，名媛生活是經過一系列的訓練。不論談吐舉止，手與腳的舉放都有一定規矩。講求自在、灑脫的人不喜被束縛，無法領受宮廷般的禮教，因此金字塔的頂端永遠是名媛名流的天下。

凡夫俗子如我者有個妙方。只要天下的媽媽跟我一樣做，相信自創品牌的優雅，也能教人傾倒。自己改善一切，也成了受大家歡迎的人物後，孩子在耳濡目染下，當然也可以變得人見人愛。

一次邀請好朋友到新竹演唱。那天她說：「我每天起床的第一個小時，一定把自己妝扮得美美的」，這句話影響我一輩子。女性都應該做適度的妝扮，藉著不錯的氣色以及服裝的搭配，讓自己時時刻刻保持神采奕奕的樣子。在心理上具有增強作用，如同給予自己正面的鼓勵。告訴自己「我很美」，至少心情上是愉快的。俗話說，「女為悅己者容」，一般人對這話的解釋是，為自己心儀的人打扮一下。但我認為聰明的女人，應該是一切為自己。穿漂亮衣服是為自己，買副耳環是為自己，略施薄粉、上個口紅都是為自己。一切為自己，才是愛自己的開始。

人本來就會老，當細胞老化，皺紋出現時，是天經地義的事。喜歡席幕蓉的一詩句

「歲月鏤刻在人的臉上」，想想那真是一種智慧之美的呈現，就像一名好萊塢女星，當她四十歲時接受記者訪問說的：「我不怕皺紋，皺紋表示我曾經歡笑、曾經活躍、曾經表達自己。我已經年輕過了，我喜歡目前的我。」多麼有智慧的回答。

同樣的，我希望這一篇文章的出現，能夠陪伴每一位親愛的女性朋友。人人都渴望擁有內外兼備的美麗。而我所強調的是外在的美，也需要內在的自信來襯托，因此就讓我們一起來檢視自己的外在美與內在美吧！

一、檢視自己的外在美

我們不一定要每天光鮮亮麗，但衣著得體，其實也是生活禮儀重要的部分。生活的美感，是從小地方開始著手。我有個畫家朋友，每一次要出門的時候，都會拿幾件衣服做搭配選擇，並且每一次都問她當時只有五歲的兒子，「哪一件比較好看？」起先這五歲的兒子還滿有耐心的回答；但眼看母親一套套的問著，乾脆就回答說：「媽媽，以下妳穿的都好看。」相當有趣的孩子；然而，在這種一來一往當中，其實就讓孩子學習，在生活進退之間，都是有「禮儀」存在的。

當媽媽的人，如果不在乎生活起居的禮儀，包含把自己打理乾淨，很有精神的過著每一天，那麼我們的孩子便會有樣學樣。無形之中，也隱藏了身教的問題。所以如果妳開始決定做個不一樣的自己，還沒有找到個人風格的妝扮之前，不妨買幾本女性雜誌，參考專家的看法及建議，直到自己學會了純熟的打扮技巧，再為自己定調。有了美化自己的生活內涵，也開始有了外在神韻，可以不必害羞地展現自己最美的地方。

接著我就要來談談，如何培養「自信」來表現真正的魅力了。

二、檢視自己的內在美

首先提供「自信度」自我檢測的方法。

自信的人：有專注力，性格隨緣不強求，不易發怒，不易煩惱，易捨易得。

不自信的人：容易緊張，求完美，易煩惱，佔有欲強，喜控制人。

藉著前面的自我檢測，若是符合「自信」條件的人，真為妳高興。若是自己並不完全符合「自信」的條件，也不必氣餒。因為人生最有意義的地方，就是經過學習培養了處事的能力，解決了許多困難，進而走入每個人都嚮往的成熟性格境界。俗話說「有自信的人最美」，而我要說「有自信的人最有魅力」。要培養自信，首要條件是，任何事物都要以「正面」的態度來看待。因此，列舉十項正面的信念，女性讀者可以每天大聲朗誦，用聲音增強它的作用，直到存於潛意識層為止。

1 我是個獨一無二的人。
2 我是個懂得愛自己的人。
3 我是個善解人意的人。
4 我是個喜歡觀察大小事物的人。
5 我是個願意學習的人。
6 我是個喜歡思考的人。
7 我是個勇於接受生命挑戰的人。
8 我是個有果斷力的人。
9 我是個懂得「說話」，懂得「聽」別人說話的人。
10 我是個願意關懷社會的人。

生活想過得有品質，且希望擁有成功的人際關係，請多思考以上十個信念吧。

實踐方法

1 重新打造外型。

2 多閱讀增加內涵。

3 修正肢體語言的動作。

可以提升人際關係的好運動

孩子的飲食非常重要。食物影響生理，吃對了身心跟著健康。不當的食物影響孩子的學習專注力，許多人不了解，就以過動兒，或學習障礙給孩子貼標籤。失去健康又長期受到批評，會使孩子失去自信，久而久之便自我放棄。

小小讀者信箱

Q：我是小六生。想交很多朋友，因為容易害羞，不敢主動跟人說話。常常覺得同學們竊竊私語的對我嘲笑，回家後和媽媽說這事，她就直接到學校對老師說，同學都不喜歡我，造成更大的困擾。現在我乾脆誰都不說了，但

是感覺越來越孤單。（大樹）

A：嗨！我相信「大樹」是你的心裡期待自己的樣子吧。很好，給自己期許的人有希望。翊菱姐姐可以感受到你那原本熱情的一顆心，因為你的信寫得很好，是這麼了解自己。

別擔心，這是爸媽給你的先天性格。你不是故意要害羞的，而是你身體的運作系統，有些地方還沒有足夠的刺激，所以還不知道怎麼樣去表現自己。只要你讀了我的回信，也願意照我的方法去改善，慢慢的，你可以因為身體裡的運作能力增加而結交到許多朋友。

害羞的小朋友對很多事情較敏感。例如，會拒絕吃特殊味道的蔬菜或吃起來沙沙的、軟軟的食物；還有遇到不熟悉的環境，心裡會感到害怕，需要一段時間才能適應。人家觸碰到你，就以為對方對你不友善，還會說：

「為什麼打我？」年紀越小，這些現象越明顯。

所以翊菱姐姐建議大樹，平常不敢吃、討厭吃的食物，要鼓起勇氣請媽媽幫你準備，記得勉強自己做不喜歡的事情，也可以增加朋友對你的讚美機會喲。

另外也要為大樹量身打造幾種運動。首先盡可能定時去游泳，讓全身的皮膚有被按摩的感覺；或者參加武術課程，一來可防身，二來手腳協調性的流汗運動對你有益；再來就是常用毛巾乾擦手腳及身體。

除此之外，主動幫家人做需要體力的事，告訴媽媽：「我要當小主人，不要當小皇帝。」

請母親安排規律的家務事時間，不要擔心課業成績，只要耐心地改善身體能力，將來的專注力就能讓你的成績和人際關係更上層樓。

教養者不可不想的事

我的書房是開放的，學生喜歡和我坐在這裡談人生。所以常藉口送來美食，動輒十幾人與老師來個午茶約會。戶外千里陣雲，讓遼闊的天空有無限伸展之感。我想像遼闊的天空，就像每個人的生命故事。不被故事纏裹的人，生命的美好就能延伸。反之，喜歡享受浮沉情緒而不願自拔的人，只能放任命運之神擺布，這種故事就很悲慘。

一個午後的話題，大夥忽然對「人」這個高等動物感興趣。原來學生群中，有多位從事與教育有關的事業。例如，童書出版業、幼教業、才藝教師等。他們在推廣業務的過程中，常遇見瓶頸，不知如何應對。呈現最多的問題，則是性格乖張的消費者。希望我這個老師能為他們解惑。

我正要表現學問之際，忽然覺得眼前坐了一個陌生姑娘。「耶！你們又替老師打造新的人際關係啦！」學生常會主動帶新朋友到家裡來見我，但老學不會先預告的習慣，看來需要再加強生活禮儀的訓練了。「喔！對了，忘記介紹給老師認識。」看來真把老師當成一家人了，好像是帶朋友回家吃拜拜一般的自在。「她是我朋友的孩子，帶出來走走順便認識一下老師。」「什麼叫順便認識一下，真是沒禮貌。」我心底碎碎唸著。後來得知小女孩原來正接受憂鬱症的治療。

白白淨淨有些營養不良的感覺，十指貼了流行彩指。才二十歲，化妝的手法熟練度遠超過我這常做電視節目的熟女。見人笑咪咪的，常以無辜的眼神望著你，如果不說，還真看不出患了憂鬱症。我給了女孩電話號碼，關心她說：「我願意幫助妳，有需要打這個電話。」當天晚上電話鈴響，傳來的聲音非常陌生，是女孩的媽媽。

「我女兒從老師那兒回來，很高興的給我看名片。她說老師可以幫助我們，所以我就冒昧地打電話來。」龔太太如此開場。

「聲音聽起來妳很年輕，女兒這麼大啦。」對於陌生人的探詢，不能立刻進入主題。

「我還有一個大女兒二十多歲了，早婚。」倒是乾脆的回答。她繼續說明女兒的情況：「她已經吃抗憂鬱的藥很多年了，醫生說她有恐慌症。高二就休學，無法待在學校。常覺得同學瞧不起她，很難和其他人相處。不能專心讀書，老師就說她人際關係不好，所以我讓她休學去找工作，因為學歷的關係，工作不好找。去年和男朋友出國玩，因為情緒失控，突然嚎啕大哭說要回台灣。男朋友把她送回來後就斷絕來往了。」

我問：「為什麼？」「人家受不了動不動就情緒發作呀！每次大哭後，就想輕生。」無可奈何的母親向我訴說了心情。

生命的形成是整體的。親生父母的生理因素、性格基因，都會影響正在孕育的胎兒。於是我開始探索龔太太的童年。原來龔太太的父親常對她的母親施以暴力，最後她母親被趕出門。從小就失去母愛的龔太太是么女，六個姐姐都離開南部的老家，只剩下她一個人留在家鄉，繼續活在父親的情緒裡，因此常懷恐懼度日。已結婚的大姐，得知妹妹被父親的續弦虐待後，勇敢的把當時還小的龔太太帶走。雖有大姐的支持，暫時獲得生活的安頓，但畢竟無法彌補父母親缺席的愛與關懷，更何況「被凌虐」的記憶很難磨滅。

「所以妳希望有屬於自己的家，很早就結婚了。」我問著。

「對呀！我先生很疼我。我們有家族的事業，所以每天都要上班。」

我常在演講場合裡提醒聽眾，孩子的飲食非常重要。食物會影響生理，吃對了身心跟著健康。不當的食物會影響孩子的學習專注力，許多人不了解，就以過動兒或學習障礙給孩子貼標籤。失去健康又長期受到批評，會使孩子失去自信，久而久之便自我放棄。慢慢地身體的細胞開始不滿足，像吞了敗仗的士兵個個萎靡不振。身心受影響的孩子學習能力一定會遇到困境。如果父母不了解這樣的生命邏輯，只一味地要求已經失去各種能力的孩子做到他們的期許，這叫天方夜譚。專家研究指出，有八成九的「學習困難」患者容易罹患憂鬱症。

我順著龔太太的話追問：「妳天天上班，家人的三餐怎麼解決？」「我們每天都吃自助餐。」龔太太的回答真把我嚇著了。一連吃了二十多年的外食，難怪孩子得憂鬱症。於是我花了整整兩小時，在電話中提醒龔太太，食物成本與健康之間的因果關係。並教她如何重新開始注重家人的健康，也提供可以解決晚餐的方法。為人母親二十餘載，竟然不曾開伙。深思之後，只能說從小沒有母親陪伴的孩子，少了模仿的機會。孤獨的心只想抓住一份成就，就是忙於唯一的事業。

體弱的龔太太自小到成婚，情緒都處在不安的狀態下。情緒與生理的結合，決定胎兒的未來。難怪第一次見到她的女兒，感到臉色特別蒼白，如今謎底揭曉了。再者見她握筆的樣子，不難看出的確有身心無法協調的現象。因此我提醒龔太太，從下一分鐘開始，不能給孩子任何壓力。因為先天氣質敏感的孩子，不能接受任何批評。且交代龔太太一定要用心觀察和陪伴孩子，別讓憾事成真。

我相信人與人之間的緣分。這女孩出現在我跟前，應是我的使命之一。我將好好陪伴她與其家人。

實踐方法

1. 家中有類似情緒的孩子，盡速找專家幫忙。
2. 參加感覺統合檢測。
3. 鼓勵孩子長期學習一項藝能，增加自信度。

老師不應該打學生

現在的年輕師表，正處在價值觀渾沌的世紀。少數以自我為出發點的教育者，怕擔負責任。多一事不如少一事的心態，用於教育似乎不恰當。所謂「諄諄教誨，循循善誘」的師德，也逐漸凋零。

小小讀者信箱

Q：翊菱姐姐您好，我是國小六年級的寬炫。上課時我的筆掉在同學的桌底，我請同學幫忙撿一下，老師看見了就說：「上課時間不要說話。」老師沒有了解情況，就處罰我和旁邊的同學，打我們的手心。大人常說有事用說

的，但老師為什麼不能用說的呢？為什麼老師都是用「打」來體罰學生，而不是用「愛」的教育？

A：問得好，你一定認為大人總是説一套做一套，而且「愛的教育」根本是騙小孩的，對不對？我雖然不認識你學校的老師，但是我代替他向你説聲對不起，老師真的不可以動不動就打學生。

如果我是你的老師，會是這樣的情形：「寬炫有什麼事嗎，老師看到你在跟同學説話。」寬炫會説：「老師對不起，我鉛筆掉到宜文桌下了，我只是請他幫我撿起來，不是故意説話。」「喔！筆掉啦。好，撿起來後趕快聽課。」

主動了解學生的狀況是老師應有的習慣，絕對不能打學生。當我們被人誤解又沒有解釋的機會，甚至更冤枉的被打手心，真是令人生氣。所以正好利用這樣的經驗，讓我們一起來學習一件事。寬炫以後和同學或家人相處，碰到「狀況」的時候，先不要發脾氣。假設爸爸正在生你的氣，一定要你立即説清楚講明白。這時候寬炫不必害怕或跟著生氣，只要輕輕的對爸爸説：「我等你不發脾氣的時候再解釋。」倒過來假如是你在發脾氣或難過，此時你也盡量控制脾氣，然後對同學或家人説：「我很生氣，現在不想説話。」這是我們中國人最需要學習的「給自己空間」的方法。

但你還是要問：「那老師錯打我呢？」請媽媽陪你勇敢的向老師説：「老師，請給我們一個説清楚的機會。」老師也需要學習哦。

教養者不可不想的事

當生命有了人情世故的淬煉，再回到古經典的世界，生命的品質便謙卑了起來。十幾年前我們一群人，字字斟酌地重新再讀《論語》，隨著傅佩榮教授的重新解讀，開闊了我的心胸格局，特別是待人處世的態度，更因為孔子的智慧啟蒙而添柔軟。

過去我極為不喜歡閱讀捐贈勸善的書籍，在車站或餐廳即可取得的佛書。勸人行善是好事，但是我有迷惑，常思為什麼台灣許多號稱有宗教信仰的人，老是做出不被社會接受的事情，爾後再乞求他們宗教信仰的神祇原諒保佑。他們充滿矛盾、困惑的生命，讓我懷疑其所篤信的宗教信仰，為什麼沒有力量讓這一群人轉變。

當時我正在讀《論語‧顏淵篇》裡的兩段話，有關「迷惑」的解釋。我想藉此版面，讓沒有機會閱讀的人，在此簡單的一起複習。子張向孔子請教如何辨別「迷惑」，孔子回說：「愛之欲其生，惡之欲其死。既欲其生，又欲其死，是惑也。」我的老師這麼翻譯著：喜歡一個人，希望他活久一些；厭惡他時，又希望他早一點死去；既要喜歡的這個人活著，又希望他死。這就是迷惑。

無獨有偶的，樊遲陪著孔子的時候，也請教孔子關於「迷惑」要如何分辨？

孔子說：「一朝之忿，忘其身以及其親，非惑與？」傅教授的翻譯是：因為一時的憤怒，就忘記自己的處境與父母的安危，不是迷惑嗎？

我非常喜歡老師的邏輯推理，他說：「從孔子的兩段迷惑論述可知，迷惑與情感上的衝動有關。」閱讀至此我深刻體悟，當有了人生經驗，應該要學習如何避免迷惑的問題。因此我也特別喜歡《中庸》所說的一句話：「喜怒哀樂之未發，謂之中。發而皆中節，謂之和。」意思是：一個人情感發出來要恰到好處。走筆至此，忽然想到台北「中和」的市名，難道是制定名稱者的一份期許？

閱讀有益身心，一點都不假。我崇拜孔子的為人，將他的話語奉為圭臬。有一回我在美國，取得了一本由淨空法師講述的《生活藝術》之書。我毫不迷惑地一章一章的閱讀，講述內容沒有絲毫偽善，且誠懇如一，像是在我身旁特地說給我聽一般。淨空法師不論語法的邏輯或思考模式，都令我感到親切熟悉。再深入了解，原來淨空法師也是學者方東美教授的學生，我的恩師傅教授更是方先生的得意門生。而我豈不也沾光，淨空法師算是我的「師伯」了。由他引導我認識真正的佛教，感到非常榮幸。

我要借用淨空法師的「談濁」與孔子的「迷惑」，來思考二十一世紀，某些為人師表者，究竟出了什麼問題？淨空解讀《楞嚴經》提及五濁，就是污染。

是物質的污染，是人性的污染，是心地的污染，是精神的污染，且認為已經達到嚴重的狀況。演講中我也常引用淨空法師對「覺知」的解釋，他說：「覺」是覺悟，要明瞭人生的真相。「宇宙」則是我們的生活環境；人生就是自己。換言之，每個人都要從生活環境裡去認識、去清楚自己真正的需求在哪裡，才不會有迷惑，或有濁性。

我不喜歡看電視，但想要獲得社會資訊偶爾還是要接觸。這幾年常看見師生動輒互毆的電視新聞報導，內心對此教育風氣徹底失望。現在的年輕師表，正處在價值觀渾沌的世紀。少數以自我為出發點的教育者，怕擔負責任。多一事不如少一事的心態，用於教育似乎不恰當。所謂「諄諄教誨，循循善誘」的師德，也逐漸凋零。

前天遇見有國中兒的友人，見面談沒兩句話就眼眶泛紅。她說：「我捨不得兒子會撒謊，他已經不像小學時候那麼乖了。」探明因由，原來友人兒子的班導師，隔一段時間就打電話給家長告狀，說的全是孩子在校的缺點。但孩子擔心母親責備，只報喜不報憂。友人感到痛苦的是，不能拆穿孩子的面子掛不住，又不知如何是好。

這國中小男孩得不到母親的讚美，信心不足。在校內表現的行為是耍帥，喜批評同學，同儕關係不好。這媽媽哭著說：「以前我們的老師，一個人管所有的學生，都會耐心的教學生為人處世的道理。現在的老師只要學生有事，累積到一定的程度，就以記警告處分，然後再打電話告訴家長。」我接著問：「現在老師有沒有做家庭訪問？」「根本沒有。」

當然我們關懷教育的人，不認為教養孩子是老師的責任，但我身旁就有多位令人尊敬的好老師，她們常撥出個人的時間，關懷學生的心靈，帶著孩子走正途。而這些學生在考上大學後，還常回來看老師呢。引導學生的內在世界是教師的天職，「解惑」應該還包含學生在校內的人際關係學習。

非常期待年輕的教師，能及早學習「認識自己的情緒」屬於一輩子的功課。弄清楚個人的焦慮為何？為什麼失去耐心，而不讓孩子說明原由就施予教鞭？理由難道是長官要考績，抑或教書只為了餬口，有不得已之感？請遵循淨空法師的教導，在生活環境裡去覺知所要，避免情感的衝動而污染了心性。

1 落實「反省」，追問發火原由。
2 情緒發作時，請離開現場深呼吸。
3 心情平靜後，以理性語言向學生說明動氣原因。
4 若無法處置，立即要求專家協助。

保護自己的方法

知識學習，只是人生其中一個要完成的階段。教養者不能以「好與壞」輕鬆而簡單的二元對立法教導孩子，使孩子處於恐懼之中。

小小讀者信箱

Q：翊菱姐姐，我是讀小學四年級的俊傑，有件事我永遠弄不清楚。每次我回外婆家，她教我看到人要打招呼。但是媽媽送我上學後，會說放學後不要和不認識的人說話，有些是壞人。請問怎麼分別好人、壞人？

A：俊傑你好，其實啊，我們周圍的人幾乎都是好人。只是電視新聞一直報導有小孩被欺負的事情，害得一些大人每天都在擔心自己小孩的安全問題。媽媽會這樣交代是對你的關心，因為你是父母永遠的寶貝呀！

從一個人的外表很難看出真正的他。有人看起來兇兇的，但其實這個人有一顆善良的心；也有人看起來像是讀了很多書、有禮貌的樣子，但喜歡欺負人。所以翊菱姐姐想了又想，與其擔心自己看不懂好人、壞人，不如教你保護自己的方法，你說好不好呀？

放學後多和同學在一起，不要落單。如果同學一個個被家人接走，只剩兩個同學，請立即到警衛室裡等待家人，也要先和媽媽說好，請家人將車熄火，走到警衛室接你們。你會問：「警衛室沒人呢？怎麼辦？」學校附近通常有人來人往的便利商店，便利商店也是比較安全的地方。假設有不認識的人找你講話，先不要緊張。我們一樣保持禮貌的微笑，用肯定的口氣向對方說：「對不起，我不認識你，如果是媽媽要你來接我，那現在請你直接打電話給媽媽，我要她親自說。」

總之，我們也要觀察旁邊有沒有人一直盯著我們，學會謹慎也是重要的事情。當然，最好的方法，就是家人要準時接你啦。我相信，你的父母親，無論如何都會事先安排好所有該做的事情。請你記下翊菱姐姐教你的方法，不要害怕，因為住在這裡的人，都很熱情可愛。記得喲，外國人是這麼說的：「台灣是禮儀之邦。」

教養者不可不想的事

回小朋友這封信時，我聯想到前不久好友送我的一本書，書裡面還夾著一份DVD。我好奇的立即觀看這部影片《正義：一場思辨之旅》，並且一股腦地跌入這場精采的思辨大會堂裡。因為影片裡的思維模式，讓我彷彿見到老友一般，喚回我數十年來「哲學思辨訓練」的學習情感。

自成長以來，我不停地追尋一種未知的東西，老覺得心靈深處填不滿。於是所有屬世的各種宗教皆參與，想要獲得人生的答案。但進出多次後依然感受到四周充斥著人性的弱點。當我有機會上了整套系統的東、西方哲學課程後，學會為自己的生命建立核心價值以及認識自己的方法，並隨順修正了成長的軌跡，於是我找到了個人的生命信仰。那就是「關懷兒童」。

只要是與孩子生命教育有關的事務，我都抱著義不容辭的態度。哲學教育，能夠提供我的生命方向與方法；思辨訓練，讓我確立生命的價值。哈佛大學為什麼要公開這一堂哲學思辨課程？不為別的，只為讓孩子變得更機靈，能夠培養「判斷能力」。判斷力不是天生的，它必須經過訓練。

我要感謝俊傑的來信，讓我有機會討論這樣的議題。現在的父母非常保護他們的孩子，導致碰上麻煩事，或需要當下做決定的時候，總是愣在那兒不知所措。回想以前念書的時候，老師在學期當中一定安排「露營」課程。身處荒郊野外，不論男女生都要練習紮營。老師要求我們十幾歲的孩子，為了接下來的野炊和堆營火，必須結群到附近撿拾柴火。當然老師會事先交代安危的問題，遇見什麼狀況要怎麼解決等等。膽小的同學開始啜泣，緊緊拉著同學的手深怕跟丟了；男同學喜歡惡作劇，淨說些鬼怪故事來捉弄女同學，搞得尖叫連連的聲音響徹暗夜。我永遠忘不了，一個同學說她姨媽發生的真實故事。

同學說：「我姨媽喜歡穿白色的傳統中國衣袍，住在離市中心很近的郊區。有個晚上她騎摩托車回家，路上總覺得有人開車在跟蹤她。姨媽很鎮定的想，我該怎麼做？」

「怎麼做，你姨媽怎麼做？」同學七嘴八舌地追問著。

「因為姨媽家附近就是軍人公墓，從小在那兒玩到大，熟悉得不得了。」

「啊～什麼！墳墓呀！」同學開始驚恐，責備說故事的同學，不應該起這個頭。

「別怕嘛，聽我說完。我姨媽太熟悉往山上的小路，她一面騎車一面回頭看，想確定是不是真的有人跟蹤她，果然有一部轎車跟著開上山。」

「於是姨媽靈機一動，把摩托車騎到一座墳頂上，然後放下她的長頭髮，雙手像耶穌基督一樣，打開成一字形……」

「啊～～～站在墳頂上，她、她、她在做什麼？」同學們已經控制不住地尖叫了。

「是呀，我也問姨媽。妳站在墳頂上做什麼？」

「吹風哪。」

「那開車的人呢？」

「看見我站在那兒，嚇得胡亂開車跌跌撞撞地下山啦。」

「姨媽，妳不怕墳裡的東西？」

「怕什麼，活人才可怕呢。」

哎呀，這個真實的事件，現在回想起來還真有畫面呢。您聽我說了這故事，想到了什麼？而答案裡可有該是培養孩子，學習「解決問題能力」的時候了？

英國哲學家培根說：「一個行動不便而不迷路的人，將比健步如飛而誤入歧途的人，更早到達目的地。」知識學習，只是人生其中一個要完成的階段。教養者不能以「好與壞」輕鬆而簡單的二元對立法教導孩子，使孩子處於恐懼之中。教養者也犯不著為孩子的課業或學歷，焦慮得幾乎快要得憂鬱症，這樣反而剝奪孩子「生活學習」的權利。

一個人不能依照計畫順利取得學位，但真實的生活經驗足以讓他具備了羅盤一般的人生見解，事業一樣能夠走入成功的境界，如大家熟悉的蘋果電腦創辦人賈伯斯，微軟創辦人比爾・蓋茲等。他們甚至覺得課本裡的知識是限制人發展的阻力。**「一個行動不便而不迷路的人，將比健步如飛而誤入歧途的人，更早到達目的地。」請思考這句話。**

實踐方法

1 不以複雜的社會價值使孩子恐懼。

2 孩子心地簡單，只教有用的生活方法。

分享和拿別人東西的差別

關於教孩子做人處世的「好理由」，您準備好了嗎？俗話說：「道理，是講給聽得懂的人聽的。」但有經驗的朋友，一定同意我的說法，那就是「家，不是說道理的地方」。

小小讀者信箱

Q：翊菱姐姐妳好，我是朱湉楚。為什麼我帶了堂妹給的東西回家，總是被爸媽責備，罵我的時候都沒說原因，不能就是不能。大人很奇怪，一下子要我們懂得分享，一會兒又不能拿別人的東西。到底要怎麼做才是正確的？

A：添楚，做人真的好難喲。大人總是一會兒要我們這樣，一會兒要我們那樣，話又說不清楚，動不動就罵人，唉！真苦呀。

堂妹家有個你非常喜歡的玩具，見堂哥愛不釋手，就大方的送你。「嗯～堂妹真好，她才是我真正的朋友，因為她願意送我禮物。」你心裡好開心，得到夢想已久的玩具。原來把自己喜歡的東西送給對方，會讓人快樂無比，那以後我也要學會把快樂送給別人。添楚也體會了分享的意義。

堂妹的舉動叫做「分享」，你叫「接受禮物」。如果沒有經過主人的同意，就取得玩具，才叫拿別人的東西。爸爸不清楚你們交換禮物的過程，只見添楚帶回別人家的東西，又擔心別人取笑自己沒把孩子教好，才會隨便拿人的東西。這是爸爸反對的理由。如果爸爸先表明心裡的想法，給你說明的機會，你就不會覺得爸爸不愛你。添楚也是來不及跟爸爸解釋，對爸爸一連串的責備：「哪裡來的？什麼堂妹送的？怎麼可以拿人家的東西？」感到驚恐。你還問：「他們常説愛我，那為什麼要罵我。愛我，為什麼不買我要的玩具？」

父母愛孩子的表達方式有很多種，有時候這些方式會互相矛盾。就像你有時候覺得爸媽真好，但也會生他們的氣，都是隨著心情以及想法來決定的。有趣吧，我們從探討「分享」，居然也談到了解「相愛」的方式。這就是變化呀！

不買玩具也許是爸爸對你表達愛的方式，想辦法去了解爸媽的意思，也請你好好享受被愛的感覺。

教養者不可不想的事

現在的孩子營養夠，蛋白質充足，相對的很聰明。朱小弟的問題，就是人生根本價值觀的問題。身為教養者，千萬不要用上一代先入為主的觀念，把自己的想法投射在孩子身上。因此，當我們教導孩子「做人的道理」時，一定要把「好理由」先準備妥當。否則聰明的小孩，得不到被說服的答案，翻滾的情緒就如同寫這封信的孩子，不斷質疑大人，處理事情的「標準」究竟何在？

每個家長都會期待自己孩子的性格被稱為「成熟」。成熟的人格特質，是仰賴平日教養者的引導，一步一步發展出來的，叫「發展的需求」。我們的社會風氣講求速食，極少數人會認真看待此區塊的學習，在我們眼裡涉世未深的小學生，應不會有任何想法，豈知一個簡單的禮物餽贈遭誤解的事件，竟轉變為與父母計較「愛與不愛」的問題。

我的老師曾經說過：「帶著孩子，就像帶著一個哲學家。」是的，與哲學家辯論時，若無三兩三，如何上梁山？我要問的是，關於教孩子做人處世的「好理由」，您準備好了嗎？俗話說：「道理，是講給聽得懂的人聽的。」但有經驗的朋友，一定同意我的說法，那就是「家，不是說道理的地方」。因此，提供一個好方法，**請常與孩子對談**。用對方法陪伴孩子，可以增進親子之間的關係，因為以身作則，孩子有了學習對象，教養者就是一位現成的良師。「與孩子對談」的好處是，可以陪伴他們釐清生活帶來的困惑。但記得我們為孩子解惑時，請不要給答案。相互討論的進行，就是幫助孩子逐漸走向成熟的境界。另外學習「觀察與表達」也是大人必修的課程。

例如，朱爸爸觀察到一進門的兒子，手捧新的玩具，臉上堆滿快樂的笑容。此時朱爸爸說：「喲，難得兒子這麼開心。好東西要與好朋友分享，來告訴老爸，這是什麼？」如此反問，要比「哪裡來的？什麼堂妹送的？怎麼可以拿人家的東西？」好太多了。

父母親溫暖問話的同時，可以趁機觀察孩子說話的聲音及表情，是不是在編寫不實劇本。特別是眼神，當孩子在敘述得到禮物的快樂時，眼神也會跟著「笑」。眸子是不會騙人的。接著家長可在孩子面前，藉機親自致電給堂妹，謝謝她的大方分享，一方面展現大人的禮貌，一方面考驗孩子的誠實度。既然一切屬實，爸爸就要解釋「不買玩具」的具體理由。告訴他：「希望你別誤解老爸，相類似的玩具已經十個了，我跟媽媽希望把錢存起來，將來才可以買更新的版本哪。新的軟體聽說很快就要出產了。」「爸爸當然愛你呀，那以後我們也記得回送禮物給妹妹，這叫禮尚往來。」愛，是一種神祕的情感。但教養者千萬別被傳統陋習蒙蔽了真情。陋習，是以責備語氣代替愛孩子的心。勇敢說出愛，就要讓聽者感受到我們的真情。

想要孩子未來達到成熟性格的條件，如正義感、秩序感、有個人風格、樂觀進取、懂得自我滿足、覺得人生有意義、明白自己存在的價值等，教養者必須留意，停止代代相傳的不良習慣，別讓「家族傷害」繼續蔓延。請記得，愛，不只是要求，是一份給予，更是一種分享。

實踐方法

1 發脾氣之前，先弄清楚真相。

2 學習與孩子談心。

3 多了解「生命價值」的意義，才能帶領孩子走向成熟。

多問，就能讓大人說出完整的話

說話之所以會讓人誤解，另一個重要原因就是技巧的學習不足。教養者應率先學習，並示範對的溝通方式，給孩子做榜樣，而不是以拒絕的方式處理人我關係。

小小讀者信箱

Q：翊菱姐姐，最近我發生一件不愉快的事情，我不知道應該怎麼辦。班上有一個同學喜歡說壞話，媽媽不准我和他交往，也叫我不要多話。一天放學後，我和同學一起回家，陳同學問我：「他有說我的壞話嗎？」我說：「有時候有，有時候沒有。」母親知道後打我一頓。我說的是真話，不知

哪裡做錯了？

A：哎呀！大人真麻煩。一會兒要我們誠實做人，說了真話又挨打。聽父母的話也會做錯事情，心裡真不好受啊。

先說兩個真實故事，然後我們一起來想想，什麼地方應該修正，才能不讓別人誤會原來的意思。

小三學生考社會科，題目是：「香蕉是用來(1)看的 (2)吃的 (3)聞的？」小朋友選「看的」。發考卷時，媽媽問他為什麼選「看的」，「因為奶奶每次買香蕉的時候都說：『這看起來不錯。』所以我選擇『看』的。」叫小凱的男孩，在路上撿到一塊錢，爸爸說：「是你看見的，就是你的囉。」從此以後，小凱只要在教室裡看到東西，問都不問同學，也不交給老師處理，就直接收到書包裡。因為爸爸說：「是你看見的，就是你的囉。」他們都是聽大人的話。

如果買香蕉的奶奶說：「嗯，這香蕉看起來不錯，一定很好吃。」她的孫子就不會寫錯答案。如果那個爸爸說：「因為這是人多的大馬路，很難找到錢的主人，只有這次你可以收起來。以後在家裡或教室看到地上的東西，一定要先問問人喲。」這小男孩才不會滿書包別人的東西。

我猜妳媽媽要說的是：「同學聽見不好的批評會難過，與其讓人不舒服，不如不說。」大人生活經驗多，但是常常嘴說一半心裡藏一半。心裡急了，以為「打」比較快，卻沒想到妳還是不明白。

翊菱姐姐教妳，以後說話一定要「全部說出來」，才能讓別人完全明白妳的意思。

以後聽不懂媽媽話中的意思，就要問到完全懂為止。

教養者不可不想的事

「語言使人誤會，所以不如不說。」雖然坊間奉行此風，但我反對這種消極的說法。好的溝通就是要完整表達心裡的話，而不是藏首藏尾，造成重要的全留在心裡，說出來的全是不重要的局面。

說話之所以會讓人誤解，另一個重要原因就是技巧的學習不足。教養者應率先學習，並示範對的溝通方式，給孩子做榜樣，而不是像此信主人的媽媽，以拒絕的方式處理人我關係。孩子的心靈世界很單純，引導他們處理人際關係時，應該考量對未來性格發展的影響。雖然我在回覆的信函中提醒小朋友，若不懂大人說話的意思就要多問，但令人擔憂的是，萬一孩子生性膽怯，遇見嚴肅的父母又該怎麼辦？他可能只有照單全收，永遠做一個父母心中的「乖孩子」。

在此我要提醒讀者，「乖孩子」長大後的行為容易有：不喜歡自己、自卑、喜抱怨、易自責、自我認同度低、無成就感、難獨立自主、情緒易失控、控制欲強、神經質及強迫症等特質。相反的，允許孩子有一定的發言機會，不但可以刺激孩子思考，在思考過程中，孩子還可以學習尊重對方的觀點。除了理解對方觀點外，也能協助個人觀察自己的情緒，情緒因為有緩衝的環境，課堂上不會教的事情就發生了，那就是「感受力」的培養。我們不是希望每個人都要有「同理心」嗎？居家生活環境就是最好的培訓教室，我們當然要珍惜和孩子共同生活的機會。

我還要說一個和說話有關的真實故事，主角是我的學生。有一天他喜孜孜告訴我，新老闆是如何地器重他，還說要另組部門讓年輕人負責並擔任主管重職。我聽完後提醒學生說：「老師不是在潑你冷水，要留意你的老闆所說的話。等你們的關係過了蜜月期後，再看看。」學生對我的反應感到一頭霧水。果不其然，三個月後，年輕人又來見我，劈頭就說：「氣死我，我建議老闆辦公室的電腦軟體應該更新了，老闆表示沒有意見，我就自動去更新。」「今天我去請款，老闆竟然不高興地說，我什麼都照你的意思去做了，你現在滿意了嗎？」「我只是請款，他有必要這樣說嗎？簡直快被老闆搞瘋了。」

既然學生又來問我關於此事何以如此發展，我就將個人經驗說得更詳盡：「一個成熟的中年人，行事風格應該屬於做了再說，而不是說了再做。他對於你的能力及性格特質都不甚了解，就要派個未成形的部門主管職務給你，況且不成熟的計畫，有可能說了還做不到。」

「因此我從這角度判斷，你的老闆是情緒化的人。」我繼續說明。「至於當初老闆說沒意見時，你少做的就是『再確認』這件事，我猜你是興奮過度，一聽老闆要升你的官，就以為老闆在授權。如果你可以做到觀察老闆當時的臉部表情、或肢體語言，再客氣地回應老闆，說明電腦升級對公司業績成長的好處，爾後說靜待他的裁示，而不是立即『建議』老闆。老闆的情緒是來自於你挑戰他的權力地位。明白嗎？」

這例子說明鼓勵孩子發問是必要的。孩子發問讓我們清楚他們想要解惑的角度。但如果那位老闆也能主動且沒有情緒地完整表達個人的立場及需求，相信年輕雇員一定會死心塌地為其效勞。

成為說話高手是每個人的心願。只要勇於學習表達，聽不懂就問，用真實而誠懇的態度，說明個人的看法，語言自信度來自內在的提升，當一個人可以自如地調節說話的聲音、語氣、音量、速度，還有呼吸的節奏時，您已經是一個出色的表達者了。

實踐方法

1 學習情緒觀察技巧。

2 做個人測試「傾聽能力與說話技巧能力」量表。

3 學習如何問的技巧。

之三

身心調合，改善有方法

下雨天　真好

我從研究資料中發現，教養者懷有矛盾觀念的為數不少。大部分家長心中那一把尺，清清楚楚明白「全方位教育的學習」是重要的，但常表現出相反的行為。最多的矛盾是，要孩子的寫作能力好，卻只讓孩子處在象牙塔裡學習課本知識。

小小讀者信箱

Q：平常爸媽幫我安排游泳課，可是下雨天，為什麼大人都不讓我們出去玩？

（讀者 小乖）

A：小乖的問題讓我想起好多好多年以前，就在下大雨的時候，我帶了一群小朋友到一座山下，玩「快樂踩雨水」的遊戲。剛開始他們的爸媽也會擔心小朋友的安全問題，但翊菱姐姐給了安全的保證，並且告訴大人說：「我想教他們聽不一樣的雨聲，這樣他們就更會寫作文囉！」

那天每一個人撐著不一樣顏色的傘，有紅、黑、紫、黃、白好多顏色，在青綠的山旁，哇！我看到一幅好美麗的畫。其中一個小朋友就說：「老師，我們帶了彩虹來看雨呢。」忽然一陣笑聲傳過來，你猜發生什麼事情？一個調皮的女生發現積雨的水坑，她彎腰看著水中倒影說：「哈哈！我看到自己的內褲。」大家覺得有趣，笑成一團地說：「喔~要小心囉。」

接下來所有的傘圍繞著一個大哥哥，看他用力在水坑中間跳呀跳的。小二的君君看到濺出來的水花說：「咦，彩色的雨耶。」所以君君的媽媽告訴我，回家後他畫了一張漂亮的彩虹雨。後來另一個學生在遠方大聲叫：「山在我腳下」，好奇的人全跑了過去。「真的耶，我們的臉在天空裡喲。」我們從來沒有注意水中倒影是上下相反的，那天每個人都像發現新大陸一樣。翊菱姐姐喜歡陪小朋友在生活裡發現不一樣的事情。

從來沒有在下雨天郊遊的他們，忽然變得非常相親相愛。那一次運氣好，沒多久雨停了，太陽出來後，我們還捨不得離開。剛好我準備了畫紙、彩色鉛筆。奇怪的是，大家非常有耐心有禮貌的等著輪流用彩色鉛筆，一點都沒有爭吵。我猜應該是雨天的探險，讓他們有新鮮的事情可以做。最後我要他們回家後，拿桶子收集雨水的聲音，然後寫一篇文章給我。

小乖雖然不能出去玩，但你也可以收集雨水的聲音喔。希望你可以再寫心得給我，當然，也希望你的爸媽能看到這一篇回信，讓他們可以安心地在雨天陪你到外面玩。

教養者不可不想的事

我長期在台灣關懷與研究學童的生活教育與性格發展之間的關係。在研究資料中發現，教養者懷有矛盾觀念的為數不少。大部分家長心中那一把尺，清清楚楚明白「全方位教育的學習」是重要的，但常表現出相反的行為。在演講會場對我所提出的教育觀點，採完全認同的態度，一旦觸及各種考試、成績評比、升學壓力等議題，認知的勇氣敵不過「大眾風格」，於是雙龍相爭，內心的焦慮與不安，也影響孩子不定的情緒。

最多的矛盾是，要孩子的寫作能力好，卻只讓孩子處在象牙塔裡學習課本知識。教科書的知識，如果能搭配實務的印證，孩子的認知反應，才能連結到所要表達的東西。簡言之，人腦的功能必須搭配足夠的實務經驗鍛鍊，才能相互輝映。希望孩子能寫，他就要能說；能說之前，還得學會觀察；觀察的同時，也要有感觸經驗，才能說一口好話、寫一手好文章。

莊子老早告訴我們，人的生命要怡然自得，就要從小打開眼、耳、鼻、口、觸這幾種感官覺知。懂得酸、甜、苦、辣、辛、香、麻、腥、臭等經驗記憶，才能啟動人的心智，需要時，才能互用。心智的英文是mind，我常說mind的出現，是由大腦的經驗來決定。心智活潑多元的運用讓聰明外露，人人誇讚之外，也是醞釀人際關係的第一步。當我們的生活境界提升，從容態度怡然自得便不在話下。

為什麼感官經驗能啟動心智？知名美食家費奇女士請我為她的新書寫序，序文裡我引用了中國文學的好詞，因為中國文學的好辭都與味覺有關。諸如：有韻味，說明此人有魅力，藝術性高。有趣味，與事物有關。有品味，是生活有格調。耐人尋味，釋出稀奇的新觀念，啟動他人的思考能力。有玩味，此人必有收藏嗜好。然而有滋有味，則是說明一個人的生命充滿內涵的意思。

相信讀者早已明白我的意思，所有的人生滋味及文學好詞，必須由感官經驗而來。精緻的描繪，不但可以用來形容一個人的生活境界，更是寫作高手的最愛。「味」可以形容人的特質，可以與藝術有關。「尋味」是教人要思考，「玩味」還可以搞個藝術投資。最後的「有滋有味」不就是提醒我們，人的生命本質，是在精神層面的追求嗎？

小時候常常要肩扛鋤頭，到別人的田裡尋寶，去挖取休耕期的農作物。媽媽常要我帶著弟弟到田間玩耍，念書時間反而不多。但我的反應機靈，連結事物的能力快速，相信是小時候的打赤腳、動手做事、遊戲機會多，刺激大腦也豐富了大腦的倉庫所致。因此當我寫作時，一幕幕的生命記憶便呈現眼前，說不完的故事，成就了我寫作的夢。

孩子天生有想像力，但台灣的小朋友卻隨著年齡的成長，想像力反而跟著遞減。因為他們的生活經驗裡只有上學、安親班，歲月不停，生活該有的內容卻停止擺盪。給孩子自由的存在條件吧，別再剝奪了。

實踐方法

1. 請閱讀《漢字書法之美》（蔣勳著，遠流出版），效法王羲之的生活教育啟蒙。
2. 重新規劃星期假日休閒活動。
3. 傾聽孩子內心的需要，並給予支持與適當的配合。

快樂閱讀　心情去探險

同同的父母親要他背國、英文，不要再讀漫畫、繪本等書，暗示著他的雙親重視語文之學習。但我們不能忽略一個重要觀念，那就是若要學好外國語言，先決條件就是本國語文一定要精深。

小小讀者信箱

Q：翊菱姐姐，可以和陌生人聊天好特別喲！這樣我就不用害怕說錯話了。我雖然已經是中年級生，還是好喜歡讀繪本和漫畫。可是爸爸媽媽看到我讀這些東西，他們會說漫畫、繪本都不是真實的世界，叫我背英文、國語，但

是他們自己卻可以看好吵的連續劇。閱讀繪本、漫畫真的不好嗎？（同同）

A：可愛的同同，看完你的信我好想猜猜同同的長相呢。嗯~有一雙大大的、充滿好奇的眼睛，很有型、厚厚的而且漂亮的嘴唇。因為你的問題，只有超聰明的孩子才會問。你的長相就是超聰明的樣子，我猜對了嗎？

別擔心，你的年齡呀最適合，也最需要讀繪本跟漫畫了。我小時候只要爸媽吵架，就會害怕擔心他們不要我了，這時候我一定躲到漫畫書裡。記得漫畫裡有美麗的新娘，我以為我是喜歡新娘的紗裙，長大後才真正明白，原來自己喜歡的是快樂的事情。

閱讀繪本、漫畫最大的優點是，故事結局一定會讓我們感到安心、快樂。這種感覺，一方面可以為我們解除平時要應付考試所帶來的壓力；另外的作用是，萬一爸媽不高興鬧開了，它們又可以帶我們去旅行啦。例如：我們可以慢慢的幫助灰姑娘，給她多些時間擺脫那可怕的後母，讓灰姑娘安心參加舞會；最後壞人終於得到惡報，我們也跟著鬆了一口氣。我們可以幫助地球人，開著飛機像超人一樣，一起抵抗外星人入侵地球，自由自在的飛行，快樂無比。這一些假的場景不也讓我們暫時得到快樂嗎？這些使我們快樂的閱讀，可以讓我們暫時忘記心中的恐懼。

假的世界有時候會給我們帶來「真的」感覺，那是一種心情上的探險。翊菱姐姐相信同同的作文一定寫得很好，因為你喜歡閱讀。祝福喲！

教養者不可不想的事

「語文」學習這門東西，還真絕呢！想要寫作、說話精采，就是要不斷培養閱讀，能讓孩子跟著天馬行空、增加想像力的閒書。更重要的是爸爸媽媽還要不停的實踐，和孩子胡言亂語的「對話」。我觀察了一些數據，不怎麼說話的教養者，他們的孩子出了社會幾乎也不怎麼說話，於是表達能力成了一個障礙。但從小有機會與父母胡說八道的孩子，長大後將有人人喜愛的幽默感。

為什麼我從同同的「閱讀」談到「語言表達能力」？因為他的父母親要同同背國、英文，不要再讀漫畫、繪本等書，暗示著他的雙親重視語文之學習。但我們不能忽略一個重要觀念，那就是若要學好外國語言，先決條件就是本國語文一定要精深。換言之，有了深厚的本國語文底子，外國語言便可輕鬆上路。因為閱讀而來的辭彙，能讓所學外語隨之活潑，而不是幾句僵化的用語而已。漫畫與繪本中所描寫的精采語文，可以讓孩子在毫無壓力的情況下學習，而成為無形資產。打造這資產不為別的，只為了與人溝通時，懂得轉換豐富的替代語言。

這些功能也可以取代教養者花錢讓孩子補作文和說話班的訓練。就看父母本身願不願意暫時犧牲，如名聲、地位、財富、權力、享樂等讓自己有快感，且如同漫步在雲端的成功計畫。成長在台灣的孩子最欠缺的就是「表達能力」，同同在信裡告知，爸媽喜歡看好吵的連續劇，他的聽覺是靈敏的，這也表示孩子的情緒感受力強，父母說話得謹慎，以免一句話傷了幼小心靈而造成未來的遺憾。我們回過頭來談前面的話題，媒體所謂的名嘴或編寫劇本者，腳本裡所呈現的說話技巧，多半浮誇少了真誠，令人不舒服。因此想要孩子將來有合宜的競爭力，如優質的人際關係，那麼適當的語言表達就顯得非常重要了。

什麼是「替代語言」？一個崇尚名牌的女孩，對我的穿著給了評語。她說：「妳穿這件衣服不好看。」「哦！什麼地方不好看？」「這顏色太沒精神了。」我非常安靜地喝著飲料，因為現場還有許多嘉賓。在大庭廣眾之下批評人，此種情況讓聽者沒面子，說者招怨也惹禍。如果對話是這樣：「妳剛才在節目裡的說話內容，讓我學了很多，今天覺得好踏實。但我有個建議不曉得方便私下說嗎？」「沒問題，請說。」「在電視螢幕上較不適合穿混合色彩，如果妳下一次穿飽和色的衣服，一定更加分。」聽者已經享受了對方的稱讚，接下來不但隨你怎麼說，還把建議都給聽進去了呢。

小朋友之間最常出現的說話方式，像是：「哇！妳這盒子好漂亮，借我看。」「才不要勒，我媽說妳笨手笨腳的。」教養者不經意的話，在孩子的百分百模仿下，傷了同學。如果對話是這樣：「好呀！那妳要小心，因為那是我的寶貝禮物喲。」對的語言充滿分享的態度，就能增加孩子的人緣。

友人不慎把三歲女兒的機器人手臂給鬆脫，這小女生還真有修養的不哭不鬧，只見她來回踱方步，嘴裡碎碎唸。後來我側耳仔細聽，差點噴飯。她竟然以閩南語說著：「給你弄得『不搭不七』。」爾後問其母為何三歲女孩如此老氣橫秋，她說這是曾祖母的口頭禪。可見家庭裡的對話魔力很大，就讓閱讀來教孩子吧。

與其花錢補習，不如來精選漫畫、繪本的內容，好的內容增加親子共讀時間，在一來一往的對話中，我們用了最省錢的投資方式陪伴孩子成長。

實踐方法

1 多多反問：看到什麼、最喜歡哪一部分。刺激孩子思考。

2 重視情緒：藉故事內涵引導孩子平日難言之情緒，並加以安撫。

3 避免說教：孩子經驗不足，不談做人處世的道理。

紀念祖先可以了解家族的故事

一次讀到中國哲學家牟宗三先生的一句話，他說：「一個人不了解自己國家的文化，而說了解西方文化，那叫騙死人。」

小小讀者信箱

Q：翊菱姐姐，我是二年級的宇翔，生長在一個大的客家族群裡。村裡大拜拜的時候有吃有玩很不錯，因為會有許多堂兄弟或表姐妹聚在一起。我的問題是，為什麼過年時一定要拜祖先，我必須忙上忙下端東西到祠堂，拜祖先是他們的紀念日嗎？

A：宇翔，翊菱姐姐好喜歡你的問題。小時候我母親也會祭祖拜拜，跟你一樣，必須忙上忙下端東西到祠堂。當時覺得好麻煩，特別在三合院的院子裡，看見其他小孩在玩跳房子遊戲時，會生母親的氣，氣她害我不能玩遊戲。但是長大以後，我非常開心自己小時候曾經有過如此的經驗。因為這是台灣最美的文化。

某些時候，拜祖先的活動確實是紀念他們的日子，如逝世週年紀念。但逢年過節時，我們後代子孫很孝順的，會邀請祖先一起慶祝。長者還會率領家族的成員，一起手持香火，向歷代祖先致謝，謝謝他們的護佑，讓後代子孫可以平安過生活。「家族」當然包含歷代祖先。家族的力量可以爲所謂的後生，帶來一股強大的精神支柱。例如，有家人要遠行或到部隊當兵，家中最年長的一位代表，會起個大早，扶老攜幼的到祠堂屋內，舉香請列祖列宗保佑遠行的人，要一路平安或早日還鄉。

人與祖先互動的影響力，是想要獲得內心的慰藉。至少在內心徬徨時，一份祈求，是暫時請祖先幫忙承擔困擾，再慢慢想辦法解決。這是我們中國人很有智慧的做法。宇翔可以想一下，當我們遇到生活上的問題，爸媽願意陪我們一起，尋找解決問題的方法。心情就不那麼緊張了，對不對？

大部分家庭的長輩，會向孫子輩述說祖先的故事。他們會用祖先的故事，來勉勵家族後代，甚至作為處世的道德約束。這樣後代子孫就會警惕自己，不可以做讓祖先蒙羞的事情。你還小，也許不明白翊菱姐姐說的「道德約束」。這個意思是，我們心中會記得曾祖父母、爺爺奶奶，還有更久以前的祖先，他們說過的話。後代的人，要做任何事以前都會仔細想想祖先的提醒。我們一定要做對的事情，祖先在天上才會繼續保佑他的後代。每個家族都有精采的故事，宇翔可以利用時間，約了你的堂兄弟或表姐妹聚在一起，請爺爺奶奶來說祖先的故事。那一定很好玩呢！

教養者不可不想的事

寫信的小讀者一定是個愛思考的孩子，而且是生活在有深度文化的家庭裡。深度文化不是指受高等學歷教育，或以金錢堆積出來的裝飾文化，而是指家族長者，能善用已進入黃昏的生命，自備燈火，來照亮周圍世代相傳的後輩。經驗相傳爲的是「創新」家族的命脈。回宇翔的信，不禁回憶起過去我學習台灣民俗文化的點滴。希望藉著認識地方文化，教養者也來放寬孩子的心靈視界。

記得兒時每逢大考，母親一定把我帶到廟裡拜「文昌帝君」。在祈福儀式中，大人小孩都手捧托盤，盤內裝著自己用過的書、筆、尺、本子等，目的是希望我得到智慧或金榜題名；回家後還得喝下一杯香灰水，結果也沒考上理想的學校。因此，常取笑母親這一輩的老人家，整天祭拜不知的神明。

直到一次讀到中國哲學家牟宗三先生的一句話，他說：「一個人不了解自己國家的文化，而說了解西方文化，那叫騙死人。」好的思想家所說的話，不但能啟發我們的內在心靈，更能提醒我們做學問應有的態度。學習西方藝術的我深受這句話的影響。激動的情緒起伏了整整一星期，便開始問自己，我認識台灣的歷史文化嗎？與自己對話後，發現我不但不認識自己家鄉的深層文化，還有些排斥，認為一切的民間信仰文化都是迷信的表現。

我開始到南台灣學習台灣史。

走遍了南台灣各地重要文史區，老師辛勤地揮汗為我們解說早期先民開疆闢土的動人故事，課程也安排了台灣近代作家的文學史。修完所有課程後，我被分派一個有意義的工作，那就是做平埔族與客家族群的鄉野調查。不論和哪一族人互動，當地的朋友都非常熱誠地敘述他們祖先的故事。聆聽一段段令人鼻酸的移民史，這才明白，民間信仰的祭拜成為必然。我從不同文化的認知，學會尊重別人的生活內涵。

了解後才能做到包容，體認先民的生活狀態與精神，才知在動盪的時代，「不安」是他們生活的一部分。因此，門前的一塊大石是守護神，人們為了表現虔誠的敬意，在石神面前舉香敬天膜拜，是為了求內心的安頓，求日子的平安。當時的人都以謙卑、惜福、相互關懷的態度，來表現蘊含一種特殊的人文象徵。台灣的民間習俗蘊藏著豐富的生活教育，在傳統文化裡我學會尊重他人，再也不以知識的傲慢，批評自己不了解的事物，反而在自己成長的文化國度，建立了另一種自信。

思及此，想起了多年前我到俄羅斯的聖彼得堡。接待家庭唯一會說英語的十一歲男孩，陪我到亞歷山大歌劇院聆賞柴可夫斯基的小提琴協奏曲，那可是他們國家的傲人文化代表之一。原以為十一歲的德密契，就如同台灣小孩一樣，不就是聽場音樂會嘛，從不曾期待他會有任何分享。但音樂會結束後，小男生竟然認真地與我討論起劇院空間設計所帶來的樂音有多麼美好，並敘述他的心得與感動。我簡直不敢相信自己的耳朵。隔一天，我們又一起參觀「冬宮」。我自認為對西洋藝術史是理解的，但冬宮展示的畫作，許多是有關俄羅斯歷史的描繪。為求精進，我不斷向男孩提出問題。德密契倒是一個誠實的孩子，明白地說他並不了解。但我們一回到他外婆家，便向外婆提出我在博物館所提的問題。沒想到外婆立即到書房，取出一份俄羅斯皇族的族譜，以快速節奏的俄語說明，小男孩則自信地一邊為我翻譯。記得當時，他們的聲音是模糊地在耳邊響著，倒不是他們說得不清楚，而是我被這畫面所感動。情緒一時之間被這祖孫倆的互動情境，取代了對俄羅斯歷史的關心。他們的歷史如何已經不重要，重要的是一個由長輩帶動的文化學習，真的影響後代的性格發展。終於明白為什麼十一歲的小男生，可以如此自信、大方的接待異國友人。原來一個重視文化教育的家庭，就能培養出身心健康的孩子。這也印證了哲學家牟宗三先生的話，一個人必須從了解自己的生活文化開始，他才能建構自信。自此以後，我也開始讓外國友人瞠目結舌地聽自己訴說台灣的歷史文化。

台灣人太重視知識教育的學習，卻完全缺乏文化生活教育的培養。今天一切有形可見的物質，包含權力、名聲、地位、享樂，都以金錢論成敗。

請給我們的青少年一個正確的指引，告訴他們，人活著，什麼是應該追求的？什麼是應該尊重的？什麼是應該珍惜的？學習知識的目的，是為了讓孩子避免無知，但文化的學習是在教導孩子如何在他們的人生裡尋求意義。一個重視文化教育的家庭，就能培養出身心健康的孩子。讓我們放寬孩子的心靈視界吧！

實踐方法

1尊重民間信仰文化。

2 領著爺爺、奶奶重整宗族資料。

3 製作宗族相本，並由晚輩書寫故事。

身體輕鬆　快樂多

一個孩子的生理發育會影響外在行為的表現。「不專心、愛說話」，這些現象是說明一個人對人事物天生不敏感所表現出的反應。若教養者不明白箇中奧祕，陪著師長經常性的批評學童，孩子心情受損缺少自信，當然少了勤奮學習的動力。

小小讀者信箱

Q：放學後我最怕做的事情，就是給媽媽簽聯絡簿，因為老師每次都會寫「不專心，愛說話」。媽媽一定會罵我，我也想改，但一直沒辦法，為什麼上課都不能說話呢？一點自由都沒有。

A：看你寫的信，應該也是高年級生了。上課說話會影響其他人，所以必須忍耐。你一定希望爸媽或老師能夠對你多了解一點，更希望不要聽見批評的話，你的心裡也可能這樣想：「反正已經習慣被罵了，變好學生也沒用」，所以就管他的呢。哈哈！如果都讓我猜對了，你不要難過喲，交給翊菱姐姐就對啦！

現在請你閉起眼睛想第一個問題，上課時，黑板上的字會跳舞嗎？再想清楚一點，那些字是看不清楚，還是真的跟你玩遊戲跑來跑去？第二個問題，上哪一堂課時你會想找人講話？第三個問題，你長得胖不胖呀？要誠實面對自己喲！

如果是黑板的字看不清楚，簡單，請爸媽帶你去眼科醫師那兒檢查眼睛。如果是黑板上的字在跳舞，可能其實學校老師教的你並不懂，又不好意思問，所以只好找別的事情做，例如，上課時走來走去，到同學位置聊天。

老師生氣了，於是打電話回家告訴爸媽，然後挨罵。真是這樣的話，請爸媽一定要帶你去做「身心協調」檢查，越快越好。關於第二個問題，這星期請先認真想一想「最喜歡與最不想上的課」是什麼，再email告訴我，到時候你會得到超炫的禮物喔！

最後談到身材的問題，不是要你參加選美比賽啦。如果你是胖胖的，可能要減肥，太胖也會讓你不能專心上課。試試看少吃油炸食物、多吃水果、只喝白開水、不喝飲料。改變吃的習慣，會讓我們的身體輕鬆，多一份快樂的感覺。

教養者不可不想的事

這孩子的行為是典型的「身心失調」現象，也就是感覺統合失調。至今仍有許多人把此舉當作正常表現，更常以「長大後就會好」的念頭來自我安慰，因而錯失了「改善黃金期」。

早在台灣還未爆發塑化劑事件之前，我們這群關懷孩子生長環境的人，只要有機會一定主動告知正懷著身孕的準媽媽們，要留意情緒與飲食及環境賀爾蒙的影響力。尤其在演講時聽者眾多之際，更是特別賣力傳遞懷孕前後應注意的事情。俗話說：預防重於治療。想要孕育出身心都健康的嬰兒，必須先把自己準備好。準備什麼呢？由準媽媽的心情開始。

感覺統合失調將影響孩子的所有學習。我在拙作《做到的爸媽請舉手》這本書裡提過，孩子的生理發展影響心理發展（包含所吃的食物），心理發展又影響學習態度。所以食物↓生理↓心理↓學習，是孩子的生命鏈，互為影響，教養者不得不注意此觀念的重要性，否則往後將造成孩子的學習力減弱或情緒障礙。

一個孩子的生理發育會影響外在行為的表現。如這封信的小主人，常被批評「不專心、愛說話」，這些現象是說明一個人對人事物天生不敏感所表現出的反應。若教養者不明白箇中奧祕，陪著師長經常性的批評學童，孩子心情受損缺少自信，當然少了勤奮學習的動力。根據專家調查，百分之八十九患有「學習困難」的人，都是憂鬱症病人。所以父母親一定要隨時觀察孩子有什麼不一樣的地方，盡早協助孩子走向身心健康之道。

我常說孩子不能選擇父母，但若遇上了不成熟的父母，只能認命了嗎？當然不是。我曾經在百貨公司遇見一個女孩，充滿憂鬱的眼神告訴我她未婚生子。孩子的父親坐牢，目前她與孩子住在孩子的祖母家。我不捨年輕女孩的無助，於是陪她聊了幾個鐘頭，教她如何對待自己與孩子。很感動的是當我再度遇見她，不同於上回，開心的神情拿著我的書說：「老師我有讀書喲，對我幫助很多。」我也開心的摟著她說：「加油，有問題隨時找我，別放棄任何事情。」人都有向上、向善的心，曾經走岔路的小媽媽，是少了原生父母應給的關愛與教導。雖然我只是個隨緣的協助者，但我看見為人母後的堅韌生命，抓住機會，給了自己和孩子一個希望。

在此推薦一本專業書籍《學習困難新突破》。針對有關學習困難的種種現象，內容撰述非常詳盡。在此我簡略引用此書的重點，來幫助讀者了解「學習障礙」的界定，諸如：書寫、閱讀困難，字體不佳、注意力不集中、缺乏自信、肢體協調困難、容易疲倦、語言能力弱、記憶力差、人際關係差、情緒變化大、強迫症、不易入睡、跳漏字等等。而造成如此障礙現象的因素，是小腦發育不全。因為母體受外界干擾因素影響，除了遺傳基因外，還包括化妝品、清潔用品、補品裡的重金屬、加工食物的化學物質，又如：毒品、藥物、嬰兒腦傷、缺氧等等。準媽媽們請小心避開以上情況。

老一輩的人都說：「娃娃漂不漂亮沒關係，健康最重要。」說真格的，「做人」大不易呀。

特別提醒讀者，現象不是病，它只是神經系統尚未完全連結，所以多讓孩子活動筋骨，生活中的學習一個不能少。手指末梢神經運動也可以協助活絡腦部。若是輕微現象，只要教養者給予耐心關照，依照職能師所設計的活絡腦部與身體運動指示去做，很快就可復元。若是需要長期配合職能師的孩子，父母親絕不能推託，我們有責任把孩子照顧好。寧可現在花時間治療，不要等到未來成為社會邊緣人，才後悔莫及。

實踐方法

1 推薦《學習困難新突破》（Wynford Dore著，杜耳出版）一書，悉心研究可以協助孩子的學習。

2 簡單觀察孩子有無感覺統合問題，觀察行為方法如下：（摘錄自《學習困難新突破》）

- 書寫困難
- 閱讀困難
- 字體不佳
- 注意力不足
- 缺乏自信
- 過度好動、無法專注
- 行動笨拙
- 語言表達弱
- 記憶力不好
- 人際關係差
- 強迫症
- 沒有時間觀念
- 情緒變化大
- 睡眠品質不好

■ 容易疲倦

■ 肢體協調困難

■ 姿勢不良

■ 跳漏字等

■ 亞斯伯格症

■ 空間概念差

我想變得不一樣

太多年輕教養者不懂得重視正確「飲食」，間接嚴重影響孩子的學習專注力。「病從口入」這句話說得真好，請記得，食物的選擇與脾氣的好壞，關係密不可分。若要協助情緒障礙的朋友，請先從「食物」的探索開始。

小小讀者信箱

Q：親愛的翊菱姐姐，我是小羽。為什麼我愛生氣呢？別人隨便碰我的東西，我就會大叫。讓我看不慣的事情又想管別人，常常得罪同學，有什麼方法可以改善呢？

A：哇！這麼自我覺知的問題，是學校老師幫忙問的吧！無論如何真是個好問題。

愛生氣的原因很多，通常是身體有狀況。你會說：「我又沒生病。」生病是細菌或病毒感染了，從外表可以感覺到的不舒服。但如果家裡長期所吃的食物過量，或不適合家人的身體，也會造成看不見的問題。假設小羽的爸媽很忙，三餐都是外食，那麼餐廳便宜的炒菜油就會造成腸胃不好，因為沒有立即性的症狀，所以不會覺得有問題。不好的食物會讓身體的體質偏酸性。

偏酸性的身體因為常處在不舒服的狀態，上課總是不能專心，體內老覺得癢癢的好想抓一下。老師誤以為你是故意的，在聯絡簿上寫著「過動、不專注」，於是小羽心情就變差了。因為做事不能專心，你總不自覺的東張西望，沒有耐心聽同學把話講完，就接了一大串你想說的話。不喜歡和同學分享東西又愛管閒事，同學覺得怪怪的，當然遠離你而去囉，因為他們覺得太無趣了。

想不發脾氣很簡單，先從檢查「飲食」做起。

如果容易被蚊子叮咬，就要多吃蔬果。如果容易被傳染流行性感冒，就是飲食不均衡造成的。愛吃肉不吃蔬果、愛吃甜食不喝水、懶懶的不愛運動，最重要的是吃東西的順序不對，每一天沒有固定時間上廁所，加上只喝罐裝飲料沒喝白開水，身體的血液濃濃的不流暢，身體還真不舒服，所以才會整天想發脾氣。

正餐順序如下：先喝熱湯、吃蔬果、再吃主食。因為這些食物消化時間不同，所以進餐順序有所不同。相信我，改變飲食習慣可以改變心情。

教養者不可不想的事

自懂事以來，對父親的印象，就是他的脾氣極大，可說是家裡的氣象台。情緒常失控的父親，就像我的小讀者小羽說的「為什麼我愛生氣呢？」這也是我童年時期常問的問題。心裡想我又沒做錯事，爸爸為什麼動不動喜歡怒罵，或作勢要打我們。

根據心理學家馬斯洛的研究，基本心理的需求，包括了安全與保障、愛與歸屬、自我尊重與受人尊重等需求。愛發脾氣的教養者，會讓孩子生活在恐懼裡。他們的孩子心裡無法得到以上的滿足，因此很難做到因正面環境影響，而發展出來的需求，諸如大家期待的：樂觀、進取、有責任感、接受挑戰、有幽默感、有正義感、生活有秩序、懂得自我滿足、有個人風格等，具備競爭力的性格打造。

當許多朋友了解我過去的成長背景，不禁質疑，為什麼我看起來不像是暴力家庭長大的人？我告訴友人，當一個人能夠陳述自己的過去，像是在說別人故事的時候，他已走出生命中的陰霾。我積極地學習探索，認真尋求協助，才能突破生命的極限。特別是經歷了無數次親人的生離死別後，我學會了接受真實生命的所有狀態。我欣賞愛爾蘭戲劇家蕭伯納說的這句話：「生命是大自然的一股力量，而不是愁病交纏，狂熱自私的小肉體，只會抱怨這個世界，沒有盡力使你快樂。」因為快樂的人生，必須靠自己追求。

我到了可以自立門戶的年齡，不受父母控制後，開始檢視所有成長的經驗。常自問：「為什麼家中成員都愛生氣？」而且這種氣氛完全影響了第二代的生長，我不停研究食物與情緒之間的關係。參考各國精英所撰寫的分析報告，終於確定「如何吃」不僅決定體質，更影響性格發展。我開始自己做實驗，以逆向操作方式，重新管理我的健康。我記錄並避開家族常吃的食物，而家族不曾吃過或吃得較少的食物，則利用平日以漸進的方式補足。剛開始極為辛苦，但人是習慣性動物，習慣成自然後，我發現自己的性格逐漸不急躁。身體不舒服的話，也懂得選擇適合的食物，來平衡身體的酸鹼度。

若想要自己的孩子長大有耐心、能克制情緒，所有教養者一定要培養飲食的「覺知」能力。一來，可以不必遭受生病的痛苦；二來，讓全家脾氣溫和，不會動不動就起衝突。事物的因果關係是一體兩面，種了什麼樣的因，就結什麼樣的果。我的一個學生家長，因為忙碌於個人事業，打從結婚那一天開始，從未下過廚房，全家數口皆以外食維生。相信他們家人的體質應當屬過度酸性。她的女兒已經失去身心的健康，情緒出現極大的障礙。我相信營養不均衡也是造成情緒不穩的因素之一。

每個人應該學習為自己的健康把關，便宜的餐費，基本上食材不會太新鮮。要不就是經過特別處理，讓食物看起來可口美味。太多年輕教養者不懂得重視正確「飲食」，間接嚴重影響孩子的學習專注力。「病從口入」這句話說得真好，請記得，食物的選擇與脾氣的好壞，關係密不可分。若要協助情緒障礙的朋友，請先從「食物」的探索開始。

實踐方法

1 請閱讀《食物是最好的醫藥》（Henry Bieler著，遠流出版）一書。

2 參考坊間的養生書籍。

3 盡量自己做飯，選擇好食材。

手動，腦就動

做任何事情都需要懂得規劃。若要孩子更聰明，就要記得他們一生的學習，不能少掉「做家事」的這項計畫，所有經過動手操作學習而來的理解力，除了讓大小腦的記憶連結外，腦部相互運作的結果，說不定就是孩子長大後，創造力的來源。

小小讀者信箱

Q：翊菱姐姐您好，我覺得您真的了解小孩的心，不像爸媽每次說的和做的都不一樣。我現在感到最討厭的是每天都要幫忙做家事。媽媽只會叫我做，都不會叫弟弟做，真不公平。（君君）

A：我小時候跟妳一樣，每天都要幫爸媽做家事，不但要洗衣服還要煮飯。常氣到哭，心裡想為什麼鄰居小朋友可以玩耍，而我要在家做事，所以我就故意隨便掃地，反正完成媽媽的交代就可以啦。但是媽媽很厲害，她發現後，就拉著我的手帶我重新再掃一遍。唉！真是倒楣透了。可是長大後，人家都說我好聰明、反應好快。妳知道為什麼嗎？我要和君君分享做家事的好處。

翊菱姐姐長大後喜歡研究大腦，發現原來我的聰明是做家事創造出來的。我們做家事不是會用到每個手指頭嗎？就因為做事的時候，每個手指尖都會碰啊碰的，就像鋼琴家彈鋼琴的樣子，那一碰，就好像幫手指尖細細的神經做按摩一樣，按摩越多大腦就越聰明，當然生活裡的反應就越快囉。以後大人看到君君，如果說：「這孩子好聰明喲！」妳聽了一定很開心，這就是動手做事的好處。

做家事還有另外一個好處呢！那就是將來妳會比不做事的同學或弟弟，更懂得為自己做規劃。因為經驗多了之後，妳就會自然而然的去想「洗衣、煮飯、擦地板」要怎麼安排順序，才能有多出來的時間去上網。以前妳可能想到什麼就做什麼，而現在的妳已經學會「安排」。我常常問好多當爸媽的人，他們不像君君從小做家事，他們都會說：「先擦地板再洗衣服，最後洗米煮飯。」哈哈！那晚餐就會吃得很晚喔。這樣的順序安排就叫做浪費時間。

省時的安排應該是先洗米煮飯，再把衣服放到洗衣機，最後擦地板。這樣一來，就可以在同一個時間裡做完該做的事情，這叫做事情的優先順序，明白了嗎？妳看是不是好處多多呢？希望妳讀了我的回信，一定也要找弟弟一起做家事囉！

教養者不可不想的事

我在家門口栽種了一棵大樹。因為平日細心照顧，很快地新葉如傘，綠意盎然。友人見狀都會問道：「妳怎麼養的？每天都擦葉子嗎？怎會這麼亮呀？」我面帶得意的回答：「我很用心照顧哪！」有一天覺得應該施肥了，於是在根部給予足夠的肥料，抬頭見到嫩綠的新葉就要長到屋頂高處了，心想如果再施一點葉肥，多一點愛，它們會長得更好。

不久葉面出現灼傷的現象，一片片凋零。我忘了植物也有其本性，它本可以在所處環境中配合自然條件成長，我卻自以為是地在樹葉上施肥，本然的生命變得萎靡，證實了「愛之，適足以害之」這句話，孩子的教育亦同。教養者總是常常投射自己的恐懼或想法，去照顧他們的孩子，使得現在的孩子做事怕擔責任。現在的教養者，只在意孩子的學校課業成績是否落後於人，不斷安排課後的學科補習，嚴重忽視了生活裡的勞動，就是培養責任感的最佳訓練所。課後補習就像我在樹葉上施肥，只會讓孩子的心靈枯萎；孩子對於沒有興趣的東西，安排再多的制式學習都是沒有用的。唯有動手做好玩的事，才能增添生活題材。

君君的媽媽倒是一位難得懂生活教育的人，因為她執行了現今生活教育最缺乏的教材，鼓勵孩子做家務事。雖然她的女兒不停抱怨，但她並不因此而停止。我猜這位媽媽對教育心理也頗有涉獵。孩子的抱怨，其實是在生氣屬於自己「玩」的時間被剝奪了，倒不是家務事讓君君厭煩。

暑假完畢的第一天，我被邀請演講。對象是一年級新生的家長，參與者極為踴躍。有位家長事後寫信給我，說明自己忙得焦頭爛額，羨慕不用上班的人，並期待公婆能幫忙帶孩子。我必須說真話，教養孩子是「生身父母」的事，長輩最多做到暫時的協助，不能本末倒置地思考教育這件事。

人活著，就為了學習「解決問題」的方法。牆裡牆外的故事大家都聽多了，與其羨慕別人，不如與自己的內在對話，想辦法了解個人的「需求」在哪裡，再把生活步調做適當的調整。所以應該反省的是，你要忙於兼差以賺取孩子未來的補習費？還是重新規劃時間、制定生活目標與方向，讓自己多與孩子相處？

俗話說：吃碗裡，看碗外。嘴裡的食物還在咀嚼著，忘了好好品嘗食物美味，眼睛便貪婪地掃描桌上的其他菜色，深怕漏吃了哪道菜。品味人生也是一樣，生命是由許多不同階段的人生串聯組合而成。既然現階段有了孩子，就必須專心教養孩子，不要急於想擁有名車或豪宅。珍惜與孩子、家人共聚的時光，一起打造有品質的親情，當我們年屆退休之齡，才不致「空虛寂寞」。

教育也有因果關係，孩子小的時候可以享受父母的貼心，那麼當我們老了，他們也一定懂得貼心長輩。因為孩子的生命裡有了「被貼心」的經驗，他們會自動複製。簡單的說，要孩子聽大人的話，大人得先聽孩子說的話；要孩子貼大人的心，大人先得貼孩子的心。「沒有經驗的生活，不值得過。」蘇格拉底這句話，是經過人生的印證。

做任何事情都需要懂得規劃。若要孩子更聰明，就要記得他們一生的學習，不能少掉「做家事」這項計畫，如同我給小讀者的回信，「手動，腦就動」，所有經過動手操作學習而來的理解力，除了讓大小腦的記憶連結外，腦部相互運作的結果，說不定就是孩子長大後創造力的來源。

實踐方法

1. 邀請孩子幫忙做適合的家務事。
2. 布置餐桌的碗筷，飯後也要協助收拾，不要擔心打破碗碟的問題。
3. 教養者下班後別急於完成自己的事，放鬆一下，暫時全心全意地與孩子相處。

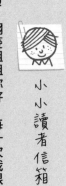

吃對食物　身體好

許多父母都是以自己的角度來關注孩子，就像寫這一封信的主人，他擔心的不是功課，而是自己個子長不高；使他難過的是，父母並不理解他內心的苦處，只會說：「別想太多，趕快寫功課、趕快睡覺，我們還有好多事要做。」

小小讀者信箱

Q：翊菱姐姐妳好，每一次我跟爸媽談心事的時候，他們只會說：「別想太多，趕快寫功課、趕快睡覺，我們還有好多事要做。」上星期同學告訴我《聯合報》兒童版可以讓我們寫信問問題，覺得很棒。我讀高年級，眼看

就快要讀國中了，我的個子還很矮，擔心將來長不高，怎麼辦？

A：高年級大哥哥你好，辛苦啦！在台灣念書確實辛苦。我明白你找不到人可以談心的煩惱，更了解你擔心自己長不高的壓力。年級越高，學校生活壓力越大，白天背著沉重書包上學，晚上還要補習，幾乎沒有時間和家人一起吃飯聊天，除了課業，現在還得擔心個子的問題，壓力真大。

翊菱姐姐提醒你，睡眠很重要，它是大腦唯一的營養，所以不能熬夜。如果假日在家裡沒事，請不要開電腦，去游泳、打球、騎單車、做運動。不熬夜，再加上戶外運動，可以幫助我們身體健康，當然長高也需要這兩項條件。另外還有一件重要的事，就是必須「吃對的食物」，不吃垃圾食物。油膩食物雖然很香，但是它們會讓你感到疲倦、上課精神不集中、腰痠背痛等等，簡單的說，不對的食物會自動讓健康出問題。

常常和同學來往嗎？如果爸媽沒時間，我們就自己想辦法，和好朋友一起去看一場喜歡的電影，然後開心的討論男女主角發生的事情。我小時候就常主動約同學到家裡來東西南北的亂聊。也許你像個小大人，喜歡跟成人相處，那就想法子找隔壁鄰居叔叔、阿姨等長輩們聊一聊吧。

總之，只要有足夠的運動鍛鍊，強化身體的肌肉，也可以和高個子一樣顯得帥氣。心情要好喲，加油！以後有任何問題歡迎email給我。

教養者不可不想的事

我所知道的父母，大部分無法騰出時間與孩子談心。寧可把孩子一天的作息表排得滿滿的，用樣板式的生活習慣指揮孩子這樣那樣，就是少了談心時間的規劃。

高年級的孩子常有焦慮，特別是對於接下來的六年中學生活。除了課業壓力，如擔心跟不上同學或考到不理想的學校等等，但最重要的是，孩子不了解「為什麼老想生氣」的莫名情緒。一開始，他不會明白那是生理上的變化，這時候，父母親若能主動感覺到孩子的不一樣，適時給予關心，孩子的心情壓力就舒緩很多。但許多父母都是以自己的角度來關注孩子，就像寫這一封信的主人，他擔心的不是功課，而是自己個子長不高；使他難過的是，父母並不理解他內心的苦處，只會說：「別想太多，趕快寫功課、趕快睡覺，我們還有好多事要做。」

於是孩子開始思索，你們的事為何永遠做不完呢？我想要了解的「人生」誰來教我？這是正值青春期孩子的吶喊。最近收到一張卡片，上頭印著許多人生智慧之語。我精選幾則，正好可以分享給不知為何而忙的父母慢慢閱讀，順便反省現階段什麼事情才是我們該追求的。主題談的是，生活中的百分之七十。

一支高檔手機，百分之七十的功能都是虛設的。

一輛高檔轎車，百分之七十的速度都是多餘的。

一幢豪華別墅，百分之七十的面積都是空閒的。

一大堆社會活動，百分之七十都是空虛無聊的。

一屋子衣物用品，百分之七十都是閒置沒用的。

一箱子股票基金，百分之七十都是賠本報廢的。

雖然我已經認定自己屬於「不被物欲干擾」的族群，並且過著無欲則剛的日子。但當我受了「生活中的百分之七十」的提醒後，說真的，仍稍有震撼。還好所提六項我只有一項吻合，那就是買了一支只會開與關的手機，真是其他百分之七十的功能都不懂得使用。慚愧的是，當初就爲了手機的外觀超炫，又是正流行的觸碰式介面，就覺得怎能不擁有呢？心境就如王爾德說的：「我可以抗拒一切，除了誘惑以外。」說明了如何抗拒誘惑，還真是人人需要學習的功課呢。

言歸正傳，如果我們做爸媽的人，可以清楚自己什麼該做，什麼可以暫緩，就不必汲汲營營地，為了養更大的房子與支付外傭的薪水，而拚命工作到有家歸不得；倒不如逆向操作，把臥室裡的跑步機送給人，帶著孩子一起做戶外運動，創造失去已久的親子時間。在閒談之際，多談為父、為母的人生觀，生活話題可以舒緩孩子對未來中學六年的課業壓力，至少他可以感受到家的溫暖，有人願意分擔他的憂慮，孩子的內心便不會孤獨。再來就是減少空虛無聊的社交活動，提早到家和孩子一起備餐；主動去關注孩子所擔心的身高問題，領著孩子到書店尋找對健康有益的食譜，也順便安排家醫為孩子解決「要如何才能長高」之惑。

一個逆轉的觀念，可以為自己也為孩子做如此多的事情，家的價值和意義便產生了。此時大人無須長期處在自責狀態，另一邊的孩子則可得回他本該擁有的親情。身心兼顧，心靈自然健康。

實踐方法

1 分派家務讓孩子練習承擔責任。

2 除遺傳基因外，睡眠和運動量不足，都是身體長不高的元兇，故需安排定時的睡眠與運動時間。

3 陪孩子閱讀傳記、勵志文學及劇情小說，增強初期「自我認識」的能力。

長大後再化妝

這個社會的誘惑太大，眼看小學生就要脫離稚氣，學習大人的社會行為；而嚴重的是除了物質生活的吸引力外，他們的生命記憶還吸收了什麼？念小學的孩子心中只想追求外貌，這警訊不容小覷。

小小讀者信箱

Q：翊菱姐姐您好，好高興有您可以陪我們聊不一樣的天。我想說說最近不快樂的事情。上星期我到以前的保母家，保母幫我化妝，我好高興，因為化妝真漂亮。爸爸發現後就很大聲的說：「那什麼東西，快洗掉。」我已經

小六了，為什麼不能化妝？

A：嗨！漂亮小女生妳好。哎呀！今天我說話要小心囉，因為我也和妳的爸爸想法一樣耶。妳要忍耐把我的回信讀完，如果還不滿意再寫信給我，事情總是可以討論的，對不對？

最近我聽說有好多二年級的小朋友，都不願意升上小學三年級，是因為電視劇正流行「小三」，他們怕當小三。但也有和妳一樣的小六學生，天天看這齣連續劇。我聽到兩個與妳同年的女生，這麼對話：「啊！那個小三實在太壞了，不過她的髮型超好看。走，下禮拜我們去剪這個髮型。」妳看，愛漂亮是每個人都想的。

妳不明白的是所有化妝品裡面，放了好多對身體有害的東西。小六是讓身體開始長大的年齡，非常重要。這時候，身體的細胞正要忙著幫助我們變得更聰明、更健康、睡得好，使我們不會頭痛、不生病，能專心準備未來六年的中學生活。

如果我們受偶像明星影響，學他們擦指甲油、塗口紅、擦粉底霜，那本來要讓我們長大的細胞，就要準備迎戰了。因為它們偵測到「有毒素入侵，破壞身體」的警訊，為了不讓身體吸收化妝品帶來的壞東西，於是細胞在身體裡面開著飛機，大砲、機關槍不斷掃射，因此產生過敏反應。這時我們會很難受，上課時間就不能專心，不知道老師在教些什麼。

太早用化妝品，會提早不健康，這就是爸爸希望妳不要化妝的原因。

教養者不可不想的事

我們真的要火速提升家庭的文化水平了。因為這個社會的誘惑太大，眼看小學生就要脫離稚氣，學習大人的社會行為。嚴重的是除了物質生活的吸引力外，他們的生命記憶還吸收了什麼？非常令人感到憂心。

普遍來說，在台灣成長的孩子，他們的生活是枯燥的。父母縱使為下一代安排了讓自己滿意的各種表面上的學習，但孩子回到家，那雙習慣操作電動遊戲機、遙控器的手，便不知不覺活靈活現地把玩起電動來。話說回來，他們的父母也是生長在此道文化的人，下班後，仍有接續的生活劇，吃水果、看電視、倒垃圾、洗碗筷、洗衣服、看功課、洗澡、睡覺，就是沒見到安排「閱讀」或與孩子「談人生大小事」，理由是「忙不過來」。年輕的教養者忽略了安排生活內容的主權，是在自己的手上。他們更遺忘了修養生命內涵，從自己做起，是件重要的事情。

我真感到幸運，生長在不需太多物質生活的時代。因為誘惑不多，所以能夠騰出時間簡單過生活。記得成長過程中，我除了擔負一部分的家務外，在專屬自己的時間裡，就懂得安排聆聽，從手提音響中放出來的唱片音樂，不論是民謠或古典，都讓我有美好的回憶，更因此領悟了生命的每個階段都自有用意，它不會是獨立的段落，而是一長串的連結。

如今大家都忙於品牌收集，或躋身於不同流派的社會活動裡，而我依然如故地浸淫在自小就養成的生活習慣：閱讀、聽演講、看畫展、聽音樂等，結合過去、現在，相信未來也是一樣的生命品質，可說是實現了我想要的人生。

正如我曾閱讀過的以下文句：「每一段生命各有自己的任務、風格，榮耀。種種機遇都是為了引導我們，走向幸福與自我的完成。」

年輕的教養者們，您還在為了買房子、拿學位，建立在社會立足的保障，而被這一切搞得不成人樣，過著毫無品質的生活，甚至犧牲孩子應有的生活學習嗎？請為自己做點不一樣的事情，趁早醒過來，重新規劃生涯，重新拾回生命中遺漏掉的東西，例如，關懷家庭、親友，多久沒有聚在一塊了？拋棄那俗之又俗的電視劇和社交活動，帶著配偶、孩子重新開始培養生活中的優質嗜好。

念小學的孩子心中只想追求外貌，這警訊不容小覷。空虛寂寞已經進駐女孩的小小心靈，聰明的教養者應該有所警惕了。

實踐方法

1安排共同的休閒生活，如游泳課、下棋、烹飪、聽音樂、閱讀雜誌。

2主動敘述宗族祖先的故事，陪伴孩子的心靈。

3每天至少做一餐飯，讓孩子參與家務，並藉機了解健康的重要。

4假日帶著孩子逛市場。

之四

一沙一世界，陪孩子看天下

學鋼琴也可以變聰明

明娟的祖母明顯曾經窮困，因此特別在意物質的節省。我認為明娟媽媽應該勇敢站出來，為孩子澄清親子之間的價值。與其讓老人家天天投射負面的情緒，而影響正在發育的女兒心情，不如召開家庭會議，輕鬆地交換話題，培養彼此情感。

小小讀者信箱

Q：翊菱姐姐我在您的專欄可以學習到處理問題的方法，但我有個煩惱不知怎麼辦？我喜歡彈鋼琴，媽媽也買了琴給我。但奶奶每次都說：「學琴沒用啦！學業顧好比較重要。」我好煩，想發脾氣。該怎麼辦？

（明娟）

A：祖母那一代的人生活辛苦，大部分沒有機會受教育，所以受到古時候「萬般皆下品，唯有讀書高」這句話的影響，認為受高等教育的人，有機會當官，當了官就有賺錢機會，生活才能穩固。妳還小，無法了解現實生活需求的壓力，奶奶一定是辛苦活過來的老人家，因此她觀念還停留在早期的年代，所以才說「學琴沒用啦！學業顧好比較重要。」她還在認為高學歷才可以高就業。

我們換個角度看奶奶的出發點，老人家當然希望後代子孫的生活品質能夠改善，不要再像他們一樣貧窮。她是愛妳的，明娟。只是說話的口氣讓人沒有被關心的感覺。翊菱姐姐猜對了吧！有機會可以陪爸媽聊天，聽他們談談祖父母年輕時候生活是不是很辛苦？

父母既然有能力買鋼琴給妳，顯然現在的生活不錯。但生命裡的經驗和記憶是難以磨滅的，可能奶奶還擔心優渥的生活，會讓第三代變得墮落，所以呀，無時無刻都在提醒妳「讀書、讀書，要考第一名哪！」我們還是遷就老人家一下吧。畢竟，是他們扶養妳的父母親長大，對不對？

我猜奶奶的嘮叨，不是讓妳生氣的主因。妳目前是國小六年級，接下來就要上國中，正值生理面臨變化期。身體賀爾蒙的調整，會讓人不舒服，易煩躁喜歡生氣，又很難說清楚生氣的原因。明娟可能要問：「奇怪了，明明是奶奶的話讓我生氣，怎麼問題反轉到我身上了？」請媽媽帶妳去調理身體準備長大，也許心情就會不一樣喔。不要被妳的身體反應給騙了，學鋼琴的人對自己要有敏銳的觀察力，才會變得更聰明。

教養者不可不想的事

人與人之間常無意地，向對方投射自己的不安。特別是親戚之間的關係。投射什麼呢？個人內心害怕的、擔憂的、無力感的、焦慮的，都會無意間展露在言行之間而不自知。

舉例說明，有一個朋友在聚會的時候，常不能安定地坐在位置上。一會兒問A君要不要喝這個，一會兒問B君要不要吃那個；更嚴重的是大夥仍在暢談，她便急著要求要其他人幫忙清理桌上的碗盤。即使主人說有專人會處理，似乎聽不見自顧地來回收拾的友人，口中還叨念著：「要啦，一定要啦。」還傳遞眼神告訴我「幫忙啊」，動作的節奏都讓在旁的人覺得不舒服。客氣的人隨之起舞，而我尊重主人的吩咐穩如泰山地坐著，順道提醒那一群心中忙亂的人：「我們難得相聚，坐下來聊聊吧。我們又不清楚主人的廚房管理習慣，說不定還是幫倒忙呢。」

我們中國人好客，常親自下廚做大餐，目的應是爲了親友齊聚一堂能把酒言歡。在我的經驗記憶裡，主人總是忙上忙下，肩膀掛條毛巾，偶爾擦著流到臉頰的汗水，穿梭於廚房與餐桌之間。細心的客人見狀說：「哎呀！別做菜了，來喝一杯嘛。」於是女主人水溶性的彩妝完全褪去，喝下的那杯酒，很快地成為兩頰的腮紅。看著一桌子菜，卻回說：「沒菜沒菜真是怠慢，我再去準備。」大夥酒足飯飽後，時間也晚，送走了客人，最後留下自己慢慢吃剩菜，邊回憶著偶爾的讚美。

兩種例子相信大家都熟悉。屬於討好型性格的人，是希望獲得別人肯定，在群體活動裡，有高度配合的表現，隨和的背後其實是希望得到旁人的具體讚美。換句話說，成長的過程，可能曾經遭逢教養者的嚴厲對待，或在家扮演常被忽略的那個孩子。前面所提喜歡主動清理碗盤的例子，就是從小失去父母，在收養家庭成長的孩子。聽說養父母並不疼愛，幸虧有位家族長輩發揮大愛，把她帶在身旁一吋一吋地養大。要在大家庭裡求生存，必備條件就是機靈的觀察能力，與勤快的表現，才能讓自己有個安頓的家。

明娟的祖母明顯曾經窮困，因此特別在意物質的節省。我認為明娟媽媽應該勇敢站出來，爲孩子澄清親子之間的價值。與其讓老人家天天投射負面的情緒，而影響正在發育的女兒心情，不如召開家庭會議，輕鬆地交換話題，培養彼此情感。先請明娟鋼琴演奏，表演大家熟悉的曲子。讓祖母看到學音樂，可以讓家人聚在一塊兒。美妙的音樂讓孫子有成就感，當功課寫累了還能彈琴調節心情。搞不好將來還可以教鋼琴，賺錢養活自己。彈琴好處才多呢，手指的末梢神經常受刺激，反而活絡了大腦神經。孩子變得更聰明，反應較別人快。

聰明的孩子反應快又有主見，有這樣資質的孩子令人一則以喜，一則以憂。喜的是能舉一反三，做事、念書、性格獨立都無須我們操心。憂的是，有主見、愛回嘴、堅持度又高、把人給氣個半死，她還覺得無所謂。但只要教養者支持孩子做對的事情，多關心孩子內心的世界。有優質的親子關係，就不會生氣也不必擔憂。

實踐方法

1 與長輩對話，要注意用詞、注意對方的感受。

2 家中有琴者，多辦家庭演奏會，活絡彼此情感。

3 留意發育期孩子的身心協調。

問自己最喜歡什麼

傾聽孩子好處多。除了可以培養教養者對「人」的敏銳度外，一起陪伴孩子探索問題，就是提早教孩子面對自己的人生。讓孩子默默學習解決問題方法的同時，比起同期的孩子，他才是真正贏在起跑點上；而願意傾聽孩子，就是提供他們擁有重要的生命元素「自信」與「被愛」。

小小讀者信箱

Q：翊菱姐姐，我是讀小學五年級的小糖，家裡有爺爺、奶奶、爸媽還有弟弟。同學都很羨慕我家，但不知道為什麼我每天都覺得心情不好。有一

次媽媽和朋友講電話：「女兒竟然告訴我她不快樂，還說不適合當我的女兒。每天讓她學才藝，有自己的遊戲間，同學都羨慕她，我好難過。」翊菱姐姐，我覺得媽媽爸爸都不了解我，我不想學才藝，該怎麼辦？

A：親愛的小糖，讀完妳的長信，翊菱姐姐想把它寫成短短的問題，然後在每星期日的「兒童天地」裡陪伴妳的心情。

謝謝妳願意分享心中的祕密，這一些問題也是許多小朋友想要了解的。讓我們放鬆心情一起來陪伴「問題」，把它們當作遊戲一樣，也許我們會改變原來的態度，重新喜歡這個「問題」喲。

天天補才藝、上安親班真的好累。翊菱姐姐教妳一個好方法，那就是先閉著眼睛問自己「最喜歡什麼課程」，例如畫畫、游泳或捏陶，先想清楚，決定以後再和爸爸媽媽討論。小朋友也需要練習說心裡的話，才能給爸媽了解妳的機會。有時候小朋友想當一個「乖小孩」，所以只要爸媽規定的事情都說「好」，其實我們可以就像和同學聊天一樣，輕鬆地說：「我的老媽呀！累趴啦。妳不是說早睡早起身體好嗎？每天做不完的功課很累耶！媽我可不可以減少補習課？這樣我才能不打瞌睡，專心上學校的課。」用有禮貌的方式向父母親說話，大人一定會聽進去的。

所以這一星期的心情遊戲就是「問自己最喜歡什麼」，下一次我會教妳更多「學鋼琴真好玩」的小祕密。別忘了，星期天，我們要在「兒童天地」見面喲。

教養者不可不想的事

人到了一定年齡都會問自己：「這種生活品質是我要追求的嗎？」四十歲之後的人

生，該經歷的滋味幾乎都嘗遍了，當階段性的生命責任，如成家立業、孩子成長等告一段落後，少了幾分忙碌，時間分配計畫有所不同。因此我們的心裡會似有若無地發出陣陣聲音，問著：「為何還有空虛之感？」更多朋友已經如願地完成了年輕時候的夢想，如今擁有了過去所羨慕別人的擁有，像是權力、名聲、地位、享樂，何以在圓夢之後，依然感覺像是「少了什麼似的」？

其實答案就是「傾聽自己」。

生長在台灣這塊土地的人，由於一代代所灌輸的教育觀念幾乎相同，都是追求高學歷以及課業成績擺第一，而有關學習做人的事則長大後再說，因此所有人生挫折問題，皆由父母代勞解決一切。

喜歡養植物的人都明白一件事：在不對的時間給過多的水，只會讓心愛的植物逐漸凋零。因此要多觀察土壤的溼度，寧可讓它們乾一些，當快要枯竭之際再適時的給予滋潤，那植物飢渴的生命，會因為需要而更努力吸收，不用多久，它們便腰桿挺直，回饋油亮的綠葉給主人欣賞；更好的方法就是主動研究植物的特性，做到適情適性的關照。例如，可以接受陽光的花草，就要栽種在充滿陽光的東面或西邊；而只需光線與水氣的植物，便可以集中在向南的位置種植。我家不大但綠意盎然猶似森林的環境，是我悉心照顧的結果，教養孩子不也應該如此嗎？我從照顧家中的植物得到啟示，原來向自然界學習，可以開啟生命的大智。

百分之九十的教養者，都希望孩子能念到高學歷，將來成家立業一切都能順利。但不要忘記「又要馬兒好，又要馬兒不吃草」這句古者的智慧之言，提醒我們生命的某個角落，若長期被忽略，沒有得到該有的關照，它將只是個空穴。例如與人相處的技巧，如何說話、傾聽、讚美、拒絕或解決衝突的能力培養等等，特別是「不懂傾聽」這件事，嚴重影響著台灣孩子的生活教育裡該有的學習。我們常見到職場上幸運謀得高位的人，說話的口氣只有命令沒有尊重，就是最好的實例。

「聽與說」是人生一門重要課題。

傾聽孩子好處多。除了可以培養教養者對「人」的敏銳度外，一起陪伴孩子探索問題，就是提早教孩子面對自己的人生。讓孩子默默學習解決問題方法的同時，比起同期的孩子，他才是真正贏在起跑點上。因為自信與被愛是無形的生命資產，而願意傾聽孩子，就是提供他們擁有重要的生命元素「自信」與「被愛」。

成功的教育，在於自然而然的教會孩子對事物產生熱情，有熱情才能擁有「自動自發」的性格，有自動自發的性格才可以造就「積極」的態度。有了積極的態度，孩子就懂得不斷精進自己，督促自己走向「自我實現」的境界。父母若有勇氣做到這一點，就如我的體悟，對植物適時給予水與關照，父母就能在旁欣賞紅花綠葉所呈現的美麗生命。

當我收到小糖的信後，便想辦法去了解其父母的狀況。我來簡單說明一下，這個有錢人家的孩子不快樂的原因：因為孩子母親必須經常為娘家解決許多問題，想要拒絕又開不了口，心情長期煎熬，最後選擇逃避，於是南北奔波安排滿滿的工藝課程，孩子由其他家人照顧，到了晚上才與孩子見面。

喜歡算命的人相信「命數」，對於人生連串發生的不如意，總是心甘情願的接受，還告訴自己這是宿命、是天意，不斷地向意識中心自我催眠。當然這樣的自我暗示，可以舒緩當事人緊繃的心情，但是要培養孩子對生命的正面態度，教養者必須沒有恐懼，要以健康的、理性的教養態度來支持孩子。走筆至此，忽然覺得這位母親其實已經在複製她原生家庭的模式，不想面對自己的問題，於是把該負的責任推給他人，縱使她的孩子自小就擁有一個專屬樓層的遊戲間，卻依然不快樂。

因為小女孩缺少的是與父母的談笑聲，和被父母了解的機會。

實踐方法

1 勇敢面對個人的困境，尋找解決方法而非選擇逃避。

2 學習傾聽技巧，真心去了解自己和家人的需求。

3 學習如何觀察及回應孩子的情緒，而非投射自己的情緒。

不要輕易放棄自己喜歡的事情

當練琴成為苦差事的時候，孩子將會逃避現實，找盡理由與藉口想要退出學習計畫。如果教養者偷懶，抱著要練不練隨你的態度，甚至認為還可以省錢少費心的話，那麼，孩子將來長大後，就容易養成輕易放棄自己喜歡的事情的習慣。

小小讀者信箱

Q：從小我就很羨慕會彈鋼琴的人，可是我媽找來的老師好兇喔！因為她很嚴格，我常被打。現在每一次快要到上鋼琴課的時間，我就想去廁所。翊菱姐姐，我不敢跟媽媽說，我該怎麼辦？

（糖糖）

A：我真心感覺到妳的緊張，妳一定常常問自己，為什麼喜歡的事情會變得害怕？今天翊菱姐姐來陪伴妳面對心裡的害怕。

小時候我家很窮，我的老師願意免費教我鋼琴，但老師要我每一個星期六去她家擦地板，妳一定聽過「沒有不勞而獲的事」這一句話吧。我實在太愛鋼琴了，很珍惜練琴的機會，所以擦地板一點都不覺得累。而且我把它當作一種遊戲，比如說，當我在水龍頭下洗抹布的時候，水花到處碰來碰去的，我居然聽見不一樣的鼓聲；後來老師的小孩騎單車回來，一陣緊急煞車，我覺得這聲音很好玩，有一次就在琴鍵上模仿不一樣的煞車聲呢！

糖糖，我們來變個魔術。現在開始，利用下課時間或假日，打開妳的耳朵去聽風聲樹葉聲、打雷下雨聲，或是同學說話時候的笑聲、學校鐘聲，當然還有女老師的高跟鞋聲。把好玩、不同的聲音，隨便在鋼琴上敲打，妳會發現原來生活裡的各種聲音，也可以在鋼琴上表現。這時候，魔術師來囉，我們把那討厭的鋼琴功課，在每一節音符後面，偷偷的加進樹葉或是高跟鞋叩叩叩的聲音，哇！音樂跳舞了。平常我們可以跟音樂玩遊戲，但是到了上課時間，妳就要把魔術師藏起來，不要讓老師發現，因為魔術精靈是我們的祕密喲。如果妳一直玩這種音樂遊戲到長大，翊菱姐姐會說：「糖糖，妳已經是作曲家了。」

請記得，不要輕易放棄自己喜歡的事情。

教養者不可不想的事

許多孩子從小喜歡彈鋼琴，但都有始無終。而他們的父母也常會以：「唉呀！孩子都快要上國中了，哪兒還有時間練琴哪。」為孩子中斷的學習找出了合理的藉口。當然，中學六年的課業，是屬於正規教育階段的精密期，也確實要付出大量心力，但學鋼琴真的和升學壓力有直接關係嗎？

當然沒有關係。今天若是我們把學鋼琴的事情，比喻成「玩電動遊戲」，爾後再觀察孩子的反應，以下是假設性的對話：「孩子啊都要升國中了，你可不可以不要打或少打電動，多讀一點書吧。」「唉喲老爸！就是讀書太累了，我才休息一下，你們就嘮嘮叨叨的。拜託啦，再給我一點時間，一點點就好。」相信如此的對話你我都很熟悉。有個性的父母，此時會絕對堅持孩子必須聽大人的意見；而溫柔沒脾氣的爸媽，會沒原則地順從孩子，直到玩累了為止。

「無趣」才是讓孩子放棄才藝學習的真正因素。孩子的反應是直接的，在探索期尚未滿足以前，他們的學習結果必須來自有趣的課程設計。當練琴成為苦差事的時候，孩子將會逃避現實，找盡理由與藉口想要退出學習計畫。父母親該做的是暫停鋼琴課程，每天安排談心時間，從對話內容來理解孩子真正的心理因素。

「寶貝，怎麼啦？鋼琴是你最喜歡的樂器呀，你很羨慕舞台上的演奏家，怎麼突然不想練琴了？可不可以告訴我？看看能不能一起來解決問題。不要一個人悶悶的喔！」

「我很羨慕鋼琴家彈得這麼好聽，以為練鋼琴很容易。」孩子說。

「彈鋼琴是要慢慢學習的，是很辛苦，但如果放棄不練就可惜啦。告訴媽媽為什麼不想上了？」

「因為老師覺得我不認真練琴，如果沒有照她的方法彈，老師就拿筆敲我的手指。還有這些功課好無聊喲，光在那敲一個聲音。我喜歡像唱歌一樣的音樂。還有老師動不動就對我說，手中間要像握雞蛋，彈琴的手指才標準。好累！媽，我不想練了可以嗎？」

「媽媽想一想，看看能不能找到有趣的學琴方法。但希望這幾天，你還是繼續聽喜歡的音樂CD喔。」以上是真實的對話。對話中可以明確的了解到孩子不喜歡上鋼琴課的原因：問題出在教學方法不夠生動活潑，而不是孩子沒興趣。

這時候家長可以另外找尋適合自己孩子的學習方式。「遊戲音樂」不但可以促進親子關係，還是一種有創意的教學法。「啟發教育」是二十一世紀重要的學習方向，特別是生活中的創意啟發，如我在前面寫給糖糖的信中所描繪的。只要教養者不怕麻煩，用一點心，就可以在家裡陪孩子玩創意發想遊戲。以後的任何學習都無須煩惱了。

大提琴家馬友友先生，他今天的成就除了天分之外，最重要的是他父親的引導。

眾所周知弦樂是最難學成的樂器，馬孝駿老先生告訴兒子：「你只要每天練一小節就好。」聽起來沒有壓力的學習，搭配著到處聽音樂會的生活，成就了今天的馬友友。我要說的是，教養者所塑造的環境很重要。

如果教養者偷懶，抱著要練不練隨你的態度，甚至認為還可以省錢少費心的話，那麼，孩子將來長大後，就容易養成輕易放棄自己喜歡的事情的習慣。反之，若父母努力帶著孩子一起正視內心的問題，經過雙方理性討論出來的結果，就是在教孩子為自己的選擇負責任。

實踐方法

1 支持孩子所學之「才藝」，並安排參觀欣賞機會。

2 設定學習才藝目標，是豐富生命內涵，而非成為專家。

3 安排戶外生活，刺激孩子的感官經驗。

學習有興趣的事，輕鬆創造未來

許多年紀不過三十郎當，不到四十歲的教養者忘性超好。一旦有了孩子，隨即忘記自己成長的經驗記憶，不斷地要求年齡只有個位數的孩子，做這個、做那個，凡事得符合自己的要求。

小小讀者信箱

Q：我從小喜歡跳舞，媽媽有時候勸我專心念書就好，還說學舞蹈對前途沒有太多幫助。雖然快要念國中了，可是我真不想放棄，請問翊菱姐姐，我應該怎麼樣計畫未來，才能讓家人繼續支持我的心願呢？

A：抱歉，沒有立即回覆妳的信，當妳讀到這封信，應該上國中了。我有個直覺，妳是個很成熟而且會深入思考事情的人。翊菱姐姐與妳分享一個觀念，當一個人還沒有真正決定「專業」以前，就應該做自己有興趣的事，因為有興趣，學起東西來就不覺得枯燥，而且從小多方面學習，說不定將來還可以幫助「專業」的發展呢。

我常鼓勵小朋友，如果想要考藝術學校，不能只是學習技術的事物，要主動規劃有關書籍來閱讀。比方說妳喜歡舞蹈，就可以閱讀舞蹈的歷史，去了解芭蕾舞的服裝，後來的舞者為什麼要放棄假髮和笨重的裙子？經過閱讀才明白，原來改造者想要表現人體的簡單線條，因此開始穿著束腰，就可以和美妙的舞姿相融合了。怪不得翊菱姐姐每一次欣賞完芭蕾舞劇，就覺得自己像個舞者，可以優雅地走出劇院，原來我感受到舞蹈整體的美感，它感動了我的心。

噢！對不起，我忘了妳還是小孩，竟然用大人的口氣與妳分享，但妳一定明白我的感受，因為熱愛藝術的人有一份敏銳的心。如果妳會閱讀不同的藝術史，說不定將來妳的「專業」會是成為設計師。表演舞台需要空間設計，妳可以是個空間設計師；音樂舞蹈劇來自古文化，妳可以是個文學家、編劇家；因為許多歷史的文獻插畫來自想像力，妳又可能成為插畫家了。總之不勝枚舉。妳問為什麼？很簡單哪，就是大腦不斷吸收，就有連結機會囉。

記得給爸媽看這篇回信。加油！

教養者不可不想的事

這一篇專欄刊出後，得到許多讀者的迴響。相信是年輕學子的心靈得到共鳴，因為他們就是要告訴父母這樣的觀點。但父母總是以學歷為優先考量，還繼續認為「學歷等於能力」呢。

在我的演講會場裡，大多為新手父母或孩子正念小學的聽眾。我發現許多年紀不過三十郎當，不到四十歲的教養者忘性超好。一旦有了孩子，隨即忘記自己成長的經驗記憶，不斷地要求年齡只有個位數的孩子，做這個、做那個，凡事得符合自己的要求。

「老師，我兒子小五了，他還不知道自己要什麼。怎麼辦？」好多人問我。

「嘿！別急呀。兒子才幾歲你就要定位他了。」換我著急了。「請問，十一年的生命有多少經驗哪？」年輕爸爸答不出來。

「你孩子大腦裡面裝進去的，只是簡單的小學知識。搞不好半夜還嚷著要吃奶，你就要他定位將來，太狠了吧！」我繼續說著。

「不是啦，因為我和太太都要上班，覺得沒有太多時間陪孩子。希望趕快找到一個方向，好讓我們安心。」急著辯駁的年輕爸爸如是說。

「那我請問你，現在的你快樂嗎？喜歡現在的工作嗎？」

「已經忘了快樂是什麼滋味了。工作是為了養家活口，早就沒有選擇的權利。」

說著說著似乎心情越來越低落，像是碰到他的痛處。

從二十世紀末跨越到二十一世紀的人，可以明顯地感受到，早期的人受教育的目的，是為了謀得高職過好生活，因此強調「專業」。一旦進入職場後，生命的另一個希望，就是等待退休俸，所以鮮少更換職務。由於社會風氣單純又無戰爭迫害，沒有任何競爭壓力的情況下，這個時代的人便以為安定、平穩，是終其一生的追求。

二十一世紀是創意連結整合的時代，專業學問已經不敷使用。就像進入西餐廳一般，厲害的主廚除了主菜外，還要藉著他的「吃的藝術經驗」，另外調製或研發特殊的前菜或沾醬來提味，來滿足饕客的口腹之欲並獲得讚賞。因此好的主廚，他可能嘗遍天下美食，爾後五覺靈敏地連結整合當地食材，創出獨家絕活，為他開啟創業之門。好的主廚可忙了，他要研究「食物」和歷史的關係，因為有故事的食物，特別有味兒。他還要揣摩客人吃後的心理感受；色彩學更不用說了，刺激食欲不就是主要任務？還有在營養過剩的時代裡，主廚還有個促銷任務，那就是搭配健康瘦身的食譜。集包裝、創意、業務行銷於一身的廚師，若無兩把刷子，就很難生存囉。

所以個人除了有專長外，還要能快樂地學習不同的新事物。強調快樂是因為沒有壓力的學習，才不會浪費時間。又，每一次的學習，可以從自己真心喜歡、有興趣的事物著手，那麼「事半功倍」的成效就顯現了。

放手讓孩子學習吧！支持孩子的興趣，讓他們儲存未來的動能。創意的就業市場，是給準備好的人。小時候樣樣學，樣樣鬆沒關係，潛意識裡的記憶，何時蹦出沒人知曉。生命必須儲備更多的材料，將來才有機會去蕪存菁的做選擇。

這就是「動能」所在之處。現在我們幫孩子，將來他們也會善待，曾經對他們付出的父母親。

實踐方法

1 鼓勵積極學習「全方位課程」。
2 支持孩子參加社團。
3 參加美學課程訓練。

看電影 看世界

一家人都愛看電影，也會藉話題共同探討。你來我往之間，就有機會表達個人的觀點，更妙的是可以借題發揮，仍可以保持不慍不怒的和諧氣氛。

小小讀者信箱

Q：我喜歡看到同學討論電影的表情，每個人搶著說話、大笑，看起來很快樂，一點都不像發考卷時的樣子。翊菱姐姐，妳喜歡看電影嗎？

A：真高興我們兩個是同一國的人，我從小就超愛看電影。記得一次全家去看鬼片，雖然媽媽不停地告訴我那是假的，但想像力豐富的我，還是被電影裡的鬼嚇得把腳抬得高高的、架在前面的椅背上，好怕椅子底下會伸出怪手來抓我。自從那一次後，我再也不看這種電影了，覺得花錢受驚嚇是最傻的事情。所以選擇電影內容是很重要的。

小時候我也喜歡看卡通電影，例如，宮崎駿的《大提琴手》。男主角拉大提琴，覺得每天練琴的過程非常辛苦。想要放棄的時候，住在森林的一群小動物，鼓勵主角別放棄，教他如何打拍子，還在旁邊跳舞，讓練琴變得好玩。最重要的是，牠們教導提琴手只要每天練一個小節樂譜，就不覺得累了。自從我看了這一部影片後便照做，真的不覺得辛苦呢，原來好的電影也可以提供練琴的方法。

長大後我也喜歡科幻、探險、偵探的電影，因為有些生活化的劇情，可以增加生活的應變能力。比如幽默的對話，我會學起來運用在生活裡，朋友超喜歡的。考古探險影片可以擴大我的知識領域，更把我帶入神祕的國度。多麼幸福呀！看歷史電影不必考歷史。輕鬆有趣對不對？

已經和媽媽商量可以不去安親班了嗎？如果是的話，恭喜妳，但妳一定要說到做到喔。寫完功課幫忙做一點家事，再看一部喜歡的好電影；晚上還可以和家人一起分享心得，看起來家裡會有更多的談笑聲囉。

請媽媽抽空陪妳去租影片，因為好電影才可以學到「對的」事情。加油！

讓我們在電影裡去看世界。

教養者不可不想的事

愛看電影的小孩長大後充滿想像力，我說的是自己。

我的早期美感經驗，是來自電影。影片裡呈現的居家布置、劇中人物的衣著打扮、建築結構的設計，甚至對話的技巧等，都是培養我，或者應該說是成就我現在的生活美學，最重要的啟蒙師。

愛看電影是一件多麼幸福的事。早期台灣的知識分子，懂得說話藝術的人少之又少。我忘了這部影片的名字，劇本裡有個橋段是男主角的「逆向」說話方式，當時的驚訝現在依然刻畫在我的腦海裡。六、七〇年代的台灣百姓，人與人之間的溝通方式都是直來直往，這電影裡的對話啟發了我「換個說話方式」的力量，更能表現溫馨。劇情的片段是某個人因為經不起現實生活的壓力，疏於自我照顧。如果是中國人的對話，可能聽到這樣的關懷：「這麼大了，還不知道要照顧自己。」或「怎麼這麼不小心哪！搞到生病，你看又要花錢啦。」有時讓聽者不明白關懷者究竟是擔心自己健康，還是鈔票。隨著鏡頭滑動，我看到男主角對友人說：「嘿！幫我一個忙。」當我聽到此話時，慣性猜想可能對方會有麻煩了。誰知接下來是這麼說的：「為了我，請多照顧自己。」聽完後完全鬆懈了我的焦慮，因為我也同情此人的遭遇。

在我成長的社會，這是完全新的生活學習。多麼誠懇的友誼，多麼不讓人孤單的關懷，有溫度的言語重新讓人點燃生命的火花。雖然現今社會結構不同，國際禮儀成為企業界的行銷手段，一套套的說話禮儀課程訓練不斷招生。但這些訓練只限用於社交舞台，少了真誠，多了虛假。教養者們何不利用優質的電影，陪伴孩子共同欣賞影片裡的穿著藝術、居家布置、危機處理等。善用電影教材，也是做一個聰明父母的好方法喲。

我們一家人都愛看電影，也會藉話題共同探討。你來我往之間，就有機會表達個人的觀點，更妙的是可以借題發揮，仍可以保持不慍不怒的和諧氣氛。修哲學課的時候，我的老師提出這個觀點「一個人要了解自我，必須從可以『感動我』的事物著手」。現代人過於崇尚功利主義，汲汲營營的生活早就讓我們失去「感動」的心。孩子的幼小心靈本應該學習「感受力」，但多數家長為了培養孩子的未來競爭力，自以為是的安排十八般武藝課程來訓練孩子。在「十全大補」的生活內容中，他們已經品嘗了人生的辛苦，而失去了應有的生命力。

陪孩子看電影吧，這個娛樂成本低廉，在共創親職的時間裡去找回一份感動。

藉著電影劇情和孩子談「生命」是怎麼一回事，藉著電影，也彷彿博覽群書，陪孩子閱讀世界。最重要的是，爸爸媽媽終於專注地陪孩子做一件事情，這些都是可以讓孩子心靈柔軟的妙方。請記得，柔軟的心對人有愛、不批評人、懂得包容，柔軟的心說話真誠。這不正是我們期待孩子成長後的個人特質嗎？

實踐方法

1. 好書推薦：《電影裡的生命教育》（李偉文著，天下雜誌出版）。
2. 與孩子討論電影，聽聽他們的想法。
3. 在電影裡培養生活美學。

生活中要注意的事

生活裡的小點滴，都可以用來教孩子懂得體恤，並主動關懷他人的感受。人與人之間的互動都是相對的，「禮尚往來」說明家教的結果。孩子的教育不應與他人比較，但要與自己相比。

小小讀者信箱

Q：翊菱姐姐我一定要告訴妳，被陌生人罵的事情。有一天爸媽帶我到餐廳吃飯，因為太好吃了，我發出很大的聲音，隔壁桌的阿姨過來告訴我：「小朋友，可不可以請你小聲一點？」媽媽不但沒有安慰我，還說跟你講多少

次了，挨罵了吧。我好生氣。（讀者 張嘉啟）

A：唉！說真的，媽媽沒支持你是一件令人難過的事情，但生活中的禮儀因為沒注意，而影響旁邊吃飯的人也是應該被提醒的。翊菱姐姐非常了解你的心情，我這麼說也是在幫你喔，千萬別生氣。

讓我們來猜猜那一個客人的心情。她的生活很忙碌，心情容易煩躁，所以想到氣氛好的餐廳放鬆，順便享受美食，好讓自己舒服一下，這樣才可以繼續面對生活壓力。有些人的聽力特別靈敏，只要一點聲音都會覺得被干擾，所以她為了爭取難得的輕鬆，才鼓起勇氣對你提出請求。我從這位客人的表達方式來看，覺得她還挺有禮貌的，不像罵人的樣子。所以嘉啟我們試試看用體諒的角度去想這事情，心情會不一樣喲。

你的例子讓我想起有次到法國餐廳，喜歡享受那兒的音樂和布置。我身後有一個老外，很大聲的用英語討論事情。起初我很善意的請他的朋友轉告：「請他小聲一點，我在看書」，但只維持了五分鐘，又大聲到整棟樓都聽見他的聲音。翊菱姐姐忍無可忍，只好站起來，也用英語對外國人說：「對不起先生，全世界不是只有你會英語，請你小聲一點。」此時大家才有安靜的用餐環境。當然現在回想起來，我當時應該繼續維持禮貌，再次客氣地說出我的感受。但有人習慣成性，常忽略公共場所該注意的小事情。

媽媽不安慰你的原因，也是擔心你成為習慣就不好了。所以我們一起注意餐廳的禮貌，例如，抬椅子不出聲、低聲說話、手機開靜音、挪椅子撞到人說對不起等等，都是生活中要注意的小事。

教養者不可不想的事

過去社會的風氣是，每家的戶長都在比誰家的孩子有禮貌。所以「家教」二字是當時常被掛在嘴邊的名言。如，眷村媽媽總愛說：「你這孩子沒家教，你父母怎麼教的？」要是爸媽聽見如此傳言，一定把我們打個半死。一邊打還一邊罵說：「你這沒教養的小孩、你這沒教養的小孩，到外頭丟老子的臉。」倒過來，哪家的孩子被稱讚，要是父母親聽見了，我們還是拿來被比較說：「學著點，你看人家多有禮貌。」對我們橫看豎看都不順眼的嚴父，最後還是把我們教得「懂禮」啦。

現今我更明確地認為，若依目前世界性的思維風潮，照我雙親打罵的教養模式，我早已成為幫派老大了，哪還有機會在這兒寫東西，分析這分析那的。因此我十分確定，是整體的「社會風氣」使當時的小孩懂得自律。而社會風氣的形成，就是集合當代大眾思維的力量。大家把心裡的「想要」凝聚成一股氣流，當旋風轉向何處，何處的「心田宅院」便像遭了龍捲風似的，連根拔起。要不然早期社會重視的「家教」，怎麼會變成現在的「家教」，意義大不同？咱們要不要思考哪裡不一樣，以及什麼是現在的社會風氣？以下是我的整理。

從前比家教，現在比名牌。

從前比媽咪能夠燒好菜，現在比媽咪開名車一台。

從前家事做完才能做功課，現在給孩子禮物求他做功課。

從前比誰家孩子最勤快，現在比哪家外傭多得需要賺外快。

從前長大念書住校爸媽探望你，現在爸媽很忙孩子從小就要離開你。

從前受了委屈爸媽抱懷裡，現在手機傳來聲音叫你要堅定。

從前無法買玩具樣樣自編又設計，現在手上拿了新玩意，櫥窗展品看在眼裡。

從前見了年長陌生爺爺奶奶得說好，現在的父母見了長者拉著孩子就跑。

是教養者本身為了平衡個人的歉疚心態，以物質的滿足快速補充孩子的情緒需求，不知不覺讓金錢代表一切，造成處處充斥只重自我表現的孩子。內化後的「生活禮節」是一種無形的行為表現，例如，多次應邀參加友人新居落成的聚會，看見主人用心布置的藝品或吸引人的裝置，發現許多人忘記禮貌，只因個人好奇，非常自我地向前伸手取物拿來研究。若我瞧見，一定立刻制止並說：「別動主人的安排，也許他是計算好角度的。」對於講究空間美感的人，擺放位置是經過精算的。常聽人如此形容：「只要東西被動過，我一定感覺到。」這還算小事，一位名畫家導覽他的居家布置，大夥正聽得起勁，「匡啷」一聲，驚嚇眾人。原來參訪者見一尊觀音像雕工精緻，未經主人同意就單手提起物品。沒想到底座與主件是分離的，木製底座因此隔空掉落玻璃桌面上，造成巨響。主人連忙說：「沒關係，沒關係。」但他又能說什麼呢？

我的母親重視家教，從小耳提面命許多事情。如到別人家裡，不隨便亂動人家東西；嘴裡有食物，不可以嚼出聲響、不可說話；走路要提腳，腳跟先落地，不可腳掌磨地面；公共場所不可大聲喧嘩或尖叫；與人擦撞先道歉，不可與人爭論誰對誰錯；見到鄰居，要面帶微笑打招呼；接受他人遞東西，要雙手承接並說謝謝；被邀作客要帶禮物去拜訪，千萬不能空手到等等。總之，從小父母的要求不勝枚舉。

生活裡的小點滴，都可以用來教孩子懂得體恤，並主動關懷他人的感受。在網路時代裡，大家都以電子郵件傳遞訊息。昨天非常開心收到好友正讀大二的孩子從尼泊爾寄來的一張明信片，上頭寫著：「阿姨，妳好嗎？我正在Nepal機場，準備前往Pokala，寄張此地的風景卡，一來報平安，二來分享我們的心情。祝妳身體健康！淳宣」孩子的母親就是很細心的媽媽。人與人之間的互動都是相對的，「禮尚往來」說明家教的結果。一個家庭人氣旺盛，是因為主事者待人誠懇不計較；反之，冷漠的人際關係，居家雖幽靜，但創造生命熱能的元素也隨之消失。

我不鼓勵吹毛求疵的要求孩子行為，但至少給孩子一個可以信任的社會。從自己做起，從生活細節做起，從重新調整作息做起。孩子的教育不應與他人比較，但要與自己相比。問孩子比自己有熱情，問孩子比自己有愛心，問孩子比自己有禮貌，問孩子是否比自己懂學習？小小四問，可是大大反省。請記得，「經驗」是生命最重要的導師。

實踐方法

1 開始注意孩子的生活禮儀。
2 注意孩子的走路姿勢。
3 培養孩子生活樂趣。
4 帶著孩子拜訪親友。

不能忘記生活禮貌

長期以來台灣的父母總有個迷思，就是要孩子不停的學習課本知識，深怕成績不理想，考不上好學校。若您真的是為了孩子前途著想，請放慢腳步陪孩子過著「有禮貌」的生活。禮貌的生活並非來自父母親的「說教」，而是親身示範，內化在孩子的潛意識裡，是自然而然的學習。

小小讀者信箱

Q：翊菱姐姐您好，我是小寬。有一次我要搭電梯回家，裡面剛好有一位阿姨。因為我按不到電梯，所以直接說：「三樓。」那一個大人卻回答我：

「你沒叫阿姨，我不認識你，自己按。」我覺得她好兇喔，怎麼會這樣？

A：小寬你好，你寫的字好可愛喲。看完你的信，我想當時你一定很緊張對不對？心裡一定覺得這個大人怎麼這麼奇怪，如果是媽媽，一定不用你開口就會幫你做事了。

我猜呀，那一個阿姨是希望小朋友都要有禮貌。如果小寬一進電梯忘了先向大人打招呼，只說「三樓」，這種口氣就好像是國王在對他的僕人說話一樣，我猜想是這種命令人的樣子，讓電梯裡的阿姨感到不舒服。如果能換成「阿姨妳好，可不可以請妳幫我按電梯，我住在三樓。謝謝阿姨！」這樣的說話方式，她一定會十分樂意幫你按電梯樓號的。小寬一定要問翊菱姐姐：「妳又怎麼知道？」注意到了嗎？你信中寫了一句重要的話「你沒叫阿姨」。所以學習「禮貌」是非常重要的事情。翊菱姐姐覺得小寬真是幸運，這時候就有機會學習生活最重要的事情。有禮貌的小朋友，在學校會受到老師及同學的歡迎，可以交到許多朋友。另外「禮貌」就像傳染病一樣，當我們說話加個「請」、「對不起」、「謝謝」的時候，同學居然也會回答「不客氣啦！」哇！眞讓人覺得舒服呢。

記得喲，如果想要別人幫忙，一定得說：「我可不可以麻煩你呢？」因為被尊重的感覺真好。有時候爸爸媽媽太忙了，忘了教我們生活上的禮貌。

總之，眞開心小寬的這一封信，也可以讓其他小朋友一起學習什麼是禮貌。謝謝小寬。

教養者不可不想的事

台灣社會風氣變遷的幾個時期，令我印象深刻的有「社會道德重整期」與「標新立異期」。記得道德重整口號滿天飛的時候，所有的歌曲、用詞、讀物、思想以及家庭教育，幾乎有如西洋古典主義的作風，一切中規中矩，講求平衡、對稱、有禮。

那時候我的年紀還不大，依稀記得每個家庭都在談論著孩子的家教，當然更在乎自己孩子的行為表現，對於傳回家中有關孩子的口碑，更是當日論功行賞的參考值之一。所以那時期的孩子各個有禮得很，簡直在競相比賽誰的嘴兒最甜。阿姨長、阿姨短沒完沒了，叔叔、伯伯叫得更親。因為流行這句：「反正，甜死人不償命～」那ㄙ的音韻還拖得特別長呢！

隨著我們傳唱詩人余光中〈鄉愁四韻〉的腳步，某天忽然有人叫囂著「只要我喜歡有什麼不可以……」，如雷一劈驚響宇宙，萬物甦醒後我們才頓悟，另一批人已為台灣重新洗顏上妝，悄悄的為大地披上不同風格的地衣。他們的父母胼手胝足，因為曾經吃苦，「享受」得來不易，更想要努力平衡接下來的日子。因此提供後代茶來伸手飯來張口，看似好命卻過著毫無意義的人生。於是對話像機器「我不要」、「還好」、「出去啦」、「給我錢」，冷漠的對談讓父母只剩下一個功能，就是「提款機」。別說年輕人，連現代的阿嬤陪孫子去買「麥當勞」的時候，還不是非常自我的說：「什麼意思，買東西給錢還要喊他一聲叔叔！」因為麥當勞叔叔就是當時社會風氣的先驅者。這個阿嬤已經在不知不覺中，把孩子的生命價值帶入「只要我有錢，啥事都可以做，管他什麼禮貌不禮貌？」的意識形態中。

一天報紙以斗大之字刊登看似炫耀的標題：「阿湯哥五歲女，看上十八萬豹紋裝。」記者還拍到美國巨星之女蘇芯，身著紫色洋裝，在十八萬豹紋裝前，睜大眼睛雙手欲擁抱的樣子，表情彷彿是說：「天哪！我要這套裝。」此照片太失童真了，只因為爸爸忙拍片，無暇陪孩子生活。除非您能夠賺大錢，有如湯姆．克魯斯，讓孩子成為「物化之人」，否則就要踏實地陪孩子過好每一分鐘。

長期以來台灣的父母總有個迷思，就是要孩子不停的學習課本知識，深怕成績不理想，考不上好學校。一星期十全大補，孩子毫無喘息機會，更甭說生活禮儀的教導了。若您真的是為了孩子前途著想，請放慢腳步陪孩子過著「有禮貌」的生活，禮貌的生活並非來自父母親的「說教」，而是親身示範，內化在孩子的潛意識裡，是自然而然的學習。

培養禮貌的行為，事關孩子真正的前途。根據某人力銀行對就業市場的研究指出：

「一個人只在乎『技術培養』，那麼二十一世紀的此時，這一些技術很快地可以複製二十個工研院。然而現在的軟體設計，更需要文化創意。」此言讀者必須要有所意會，也就是說，雖然「一技在身」是必要的就業條件，但若少了文化訓練或薰陶來增加就業競爭力，豈不就輸在人生的起跑點了？另外人力銀行主管又說：「在就業市場裡，業務人才永遠是被需要的。但好的業務人才必須要有國際眼界、語文能力、行動力、企圖心、好的人際關係及懂得價值的意義。」

換言之，現今在三百六十種行業裡，若想要成為此道之狀元郎，孩子必須要有國際視野，那麼，他們必須有國際文化的修養。要有生命熱情，才能擁有事業企圖心及行動力。最重要的基礎「優質的人際關係」，更一定要從小培養起。您還認為「知識重於一切」嗎？該是換個角度看人生的時候了。

實踐方法

1. 檢查生活中，最少給孩子的東西是什麼？
2. 重新規劃生活時間表。
3. 關於文史的學習，我們給孩子多少認知？

有好的視覺發展，才有好的整潔習慣

孩子不懂收拾，是天下父母最在意的事情。千交代萬叮嚀就是動不了，最後的結果是自己邊動手邊責備孩子懶惰。「了解一切，就能包容一切。」但接納的態度，如果不從「理解」開始培養起，很難實踐包容的愛心。

小小讀者信箱

Q：翊菱姐姐我讀高年級，小時候覺得爸媽很愛我，長大反而每天挨罵。像媽媽，整天嫌我骯髒不愛乾淨，說我的房間像豬窩。我真不想回家，該怎麼辦？

（嘉誠）

A：我猜想嘉誠是希望「媽媽有話好說，不要老罵我。」對不對？我也覺得如果媽媽可以這樣說：「孩子啊！媽媽累了一天，真希望回到家裡就像是回到樣品屋裡，清清爽爽、漂漂亮亮的像度假一樣。可不可以幫我一個忙，把東西整理整理」，相信你一定會幫忙。但我真的感覺到媽媽非常疲累。至於你的房間，你是不感覺凌亂，還是懶得整理？我有個朋友的家也是亂七八糟，不管是客廳、臥室、廚房到處堆滿東西。去她家作客，一進門，我就開玩笑地說：「妳是剛搬進來還是要搬出去，小偷來了都不知道從哪兒偷起。」朋友還真能配合地開玩笑說：「是啊，搞不好小偷同情我。這麼亂一定很窮，還會丟一百塊給我呢。」

大掃除費時又費力，必須維持，否則過不了多久又恢復原形。翊菱姐姐教你一個輕鬆的方法，那就是開始培養「物歸原位」的習慣。好多朋友到我家都問：「妳這麼忙，家裡這麼乾淨每天打掃嗎？」我回道：「怎麼可能，但我有個極好的習慣，就是東西用完立刻歸位。」讓物品有固定的位置，養成歸位的好習慣，客人來就不必匆忙整理。而且讓自己有舒服的生活空間，心情一定大好，發脾氣罵人的機會就沒啦，嘉誠你說是不是呀？但一個重要的觀察也要注意囉！如果是你感覺不到凌亂的話，那就要請媽媽帶你去看眼科醫生，檢查一下視神經的發展了。沒事的時候請你多玩扯鈴、乒乓球、下棋、玩拼圖等遊戲，這些可以幫助你的視覺能力更好喲。

教養者不可不想的事

要孩子自動自發是有條件的。

孩子不懂收拾，是天下父母最在意的事情。千交代萬叮嚀就是動不了，最後的結果，是自己邊動手邊責備孩子的懶惰。我真心喜歡法國哲學家馬塞爾（Gabriel Marcel）

說的這一句話：「了解一切，就能包容一切。」但接納的態度，如果不從「理解」開始培養起，很難實踐包容的愛心。也就是做到佛家所說「甘願做，歡喜受」的境界。

曾經許了個大願，希望台灣所有教養者，都能虛心認真地學習「認識孩子的先天氣質」。這門學問不只是研究教育者的專職，而是有孩子的父母親，都應該規劃學習的功課。如果我們能事先了解自己孩子的天生氣質，教養的過程就可以減少對立、衝突、憤怒的情緒。相對地，因為對症下藥，更可提供順勢而教的優勢。同理為人父母者，絕對希望自己的孩子能夠身心皆發展正常。但以下這些對話一定耳熟能詳：

- **這個人真是算盤珠子，撥一個動一下。**
- **真是少根筋，怎麼這麼沒大腦呀！**
- **他從來就不能舉一反三哪！**
- **拜託喔！動作可不可以快一點？能不能自動一點？**

許多父母常常為了孩子好，不論課業難題或人生困境，都喜歡主動為孩子找答案，造成等待結果不如預期，於是對於教養這份天職深感無力，覺得孩子難教。孩子的天性是生父生母所賜予的，遺傳基因無法選擇，萬一基因不良發展遲緩，孩子的成長就必須等待。如要求三歲孩子就有五歲的樣子，是災難並非福分，無須竊喜。跳躍式的成長人生將有遺漏，性格將走樣。演講時常說：「十歲漏掉的，六十歲向你要回來。」追討的過程稱為「內在的小孩」，是生命不願意長大的那一部分。孩子所有的外在行為「都不是故意的」。任何先天氣質的結果，都是一體兩面。如何認識自己的孩子，又如何用對的方法與其互動？

不滿兩歲的菲菲是鄰居的孩子，天天笑口常開，身心極為健康，很少看見一個幼兒，可以每天快樂地隨著早起上班的母親到保母處。我每日清晨都可以愉快地欣賞這對母女出門。她倆一夥哼唱，一夥踮著腳尖選擇瓷磚踩花步走出社區大門。可貴的是媽媽再忙，都帶著菲菲一起做晚餐呢！小女生能做什麼？負責清理挑剩的菜葉子。

某晚我到她們家裡，看到尚不識字的菲菲，嘰嘰咕咕念完繪本，爾後順著她的手勢，驚奇的發現菲菲居然把每一本書收拾得好整齊。經過其母的證實，她的女兒雖小，但凡事喜歡主導。我便提醒她，妳的女兒屬於**強勢支配型**，喜歡自己有決定權。希望被尊重的她，長大後要在旁邊看著。自動自發的性格會求好心切，未來不能給壓力，多安撫她，要她休息，並告訴孩子盡力就好。

我這鄰居懷孕的時候，照常旅行、游泳、運動、吃美食、與朋友相聚。夫妻倆樂於助人，待人有禮。我見她就說：「妳的孩子將來一定是個身心健康的孩子」，果然如此。胎兒時期的健康條件，由母體孕育期的情緒來源決定，所以決定要懷孕的時候，必須關注工作或生活的環境因素。把毒害減到最低，如化妝品、食物、清潔用品等環境賀爾蒙。再者便是情緒因素，兩性關係價值觀的爭執、經濟壓力、生活壓力等（易有低智商兒）。最重要的是懷胎期的影響，藥物（吸毒者）、安胎劑、早產兒，或產程的影響如腦傷缺氧等等，易造成小腦發育的不健全，將影響成長後的種種學習困難，或稱為情緒失控型的孩子。

孩子的整潔習慣由視覺區的發展決定。換言之，一個人能掌握實物存在的距離、空間、速度等辨識及閱讀能力，他便能自動地去調整一幅歪斜的畫，或看見前方的物品還「真亂」，無須旁人催促就會主動清理。

如果觀察到自己的孩子不喜閱讀、不收拾玩具，那麼請多安排孩子玩，辨識不同顏色的調色盤遊戲。多看路旁的交通號誌，道路規則的抽象符號，正流行的3D電影或動畫或圖片，都可增強立體視覺的訓練。當然藝術欣賞的薰陶，也是一種好方法。另一個妙方，與其責備孩子不收拾，不如牽著他的小手帶他到歸位區。牽引次數多了，可以強化孩子的大腦記憶，自然而然地，他們便學會收拾這檔事。大腦是「用進廢退」的產物，利用生活的大小事來強化腦部功能，孩子的能力自然增加。

孩子的學習需要等待。為了避免他們未來的追討，請用接納的態度，說簡單的話，暫時協助孩子安排做事的邏輯順序，讓他們擁有完成事物的成就感。一樣米飼百樣人，不就是在說明人海謎樣的性格，早已經考倒老祖宗，否則這七字箴言，怎可流傳幾世，依然夯到不行？莊子不也是教我們要「順勢而為」嗎？順孩子天生條件之勢，來設計適合的教學法，我相信台灣快樂的孩子將比比皆是。

實踐方法

1 學習「感覺統合訓練」課程。

2 調整飲食習慣。

之五

培養勇氣，愛要說出來

被愛的孩子有自信

現在的失婚家庭把孩子交給上一輩教養，幾乎成了一種流行。人人都說失婚的人哪，你們不要傷害孩子，但說者容易，做到的人並不多，否則現今的社會，就不會有那麼多可憐的孩子流浪在外。

小小讀者信箱

Q：幼稚園下課都是爺爺來接我，長大後我才覺得別人有爸媽，為什麼我沒有？上小學才知道爸爸有了阿姨，還有一個妹妹，媽媽只偶爾來看我。我不知道要問什麼，但是我心裡有奇怪的感覺。

達達敬上

A：達達，翊菱姐姐好想抱著你。沒有爸媽陪伴長大，好寂寞對不對？大人真的很麻煩，他們為什麼要分開？為什麼多了一個阿姨？為什麼爸爸有另外一個妹妹？為什麼我只能偶爾見到媽媽？好多好多「為什麼」，是不是？大家都不清楚爸媽之間的問題，但翊菱姐姐可以保證，爺爺奶奶、爸媽一定很疼你，也常會想著你。大人不會希望離開自己的孩子，那你又會問：「那為什麼我的爸媽要分開呢？」

我來説大人結婚的故事好了。爸爸媽媽結婚是為了要有伴，把你帶來這個世界報到，一開始是為了享受家庭的幸福。每天一起學習生活、睡覺、起床、吃飯、唱歌、郊遊，剛開始覺得好幸福喲。後來爸媽的生活壓力越來越大，二人説話越來越忘了禮貌，最後常常吵架。如果爸媽經常在孩子面前吵架，小孩就會感到害怕。翊菱姐姐就是在爸媽經常吵架的生活中長大，我和同學發生糾紛的時候，也只會用吵架的方式解決問題。長大後認真克服小時候的恐懼，才有更多的人願意和我做朋友。

達達，其實你非常幸運，因為你從娃娃開始就擁有爺爺奶奶的愛，也不曾看過爸媽的爭吵，爸媽還會繼續關心你，而且多了一位可愛的妹妹呢。翊菱姐姐希望你將來會把爺爺愛你的樣子，用來愛你的妹妹還有爸媽。為什麼我會這樣說呢？因為你是在愛裡長大的孩子，一定有自信。我願意成為你一輩子的朋友，如果心裡有話要說，別忘了找翊菱姐姐喲！

教養者不可不想的事

回這一封信的時候，心情跟著沉重。孩子何辜，承擔大人留下來不幸福的世界。每個人都想追求幸福，但什麼叫幸福？在多元的兩性關係裡，幸福實在難以定義，特別是有了前面伴侶所生的孩子，更多的人生課題需要學習。

現在的失婚家庭把孩子交給上一輩教養，幾乎成了一種流行。人人都說失婚的人哪，你們不要傷害孩子，但說者容易，做到的人並不多，否則現今的社會，就不會有那麼多可憐的孩子流浪在外。夫妻爭吵是成長的必經之路，分合問題則是末端的選擇。但如果我們每個人都能認真地學習「情緒管理的技巧」，認真尋找「面對問題的方法」，運用所學相互尊重，要維持長久而親密的關係，應不是難事。孩子也無須因為雙親失和，而使命運版圖隨之異動。

年輕時候的我受母親影響，當面臨情緒問題時，都是以歇斯底里的方式收場，把孩子嚇得不知所措。雖一面自責，卻也難以控制局面。為了讓自己的家庭走向健康，因此決定報名參加心靈成長課程，當我逐漸走出原生家庭的傷害後，常勉強自己繼續依照老師所教的方法，勇敢面對內心的痛苦。療傷時間很長，前後約莫十幾年，現在除了懂得接受所有生命狀態，還能圓融地處理人生問題。

因為走過漫漫長路，也就特別能夠體會，身旁受到原生家庭傷害的孩子或大朋友的心情，因此決心陪伴這一群不被了解或被遺棄的人，成了我的使命。喜歡此言：「人生最糟的狀態，不是貧窮或厄運，而是無知，也就是沒有覺知的過生活。」

要覺知什麼？覺知所說的話恰不恰當？覺知情緒的發作從何而來？覺知自己的態度有無尊重？覺知內心的聲音說些什麼？越有覺知能力的人，越清楚能力的限制，越不會給自己壓力。準父母們如果孩子在出生前，能學會這些自我情緒的觀察，那麼孩子受傷的機會就會大大減少。希望孩子快樂，我們自己先要懂得什麼是快樂。

選擇快樂就要懂得「調節情緒」。不論我們多麼生氣、沮喪，處理情緒的首要步驟，就是「只說感受」，每一次都試著用適當的話說出自己的感覺。例如「我非常難過，你今天在眾人面前批評我」，而非「你什麼意思，想讓我難堪是不是？也不照照鏡子，你又好到哪去」。雙方吵架的時候已經在氣頭上了，絕對要避開「尖酸刻薄的話」，以免發生不必要的意外。

再例如，一次與親友相聚，餐後閒談之際，我們討論簡體字與繁體字的差異性。其中一位客人是來自中國的中研院士，他想要知道某繁體字的寫法，我電腦打多了難免一時寫不出來。此時同桌的親戚便刻薄地說：「妳這個字都寫不出來，還當作家呀！」我沒有動怒，只裝作沒聽見，因為家族皆知說此話的人善於嫉妒。柏拉圖之言：「智者說話，因為他們有話要說。愚者說話，因為他們想說。」意思是，聰明的人會經過思考，說該說的話；而想到什麼就說什麼，是不經思考，小心惹禍上身。

心理學家的研究報告指出「情緒與理性兩種力量的對比是二十四比一」，換言之，人的情緒發作時，理性只剩下一，所以不好的情緒是具有殺傷力的，因此練習檢查自己的情緒來源有其必要。許多心情經過自我檢視後，我們會慶幸，還好沒有讓事情變得更糟。

如何檢視情緒呢？可嘗試以下的方法。先觀察自己常常發作的情緒，如焦慮、煩躁、憤怒、恐懼等等，仔細回想哪一項出現最多次？再按照順序把它們寫下來，然後想一想是什麼情況下、什麼地方、在什麼人面前會有這些情緒。

經歷過的情緒記憶會自行串聯，所以讓自己靜下來面對問題來源非常重要。一旦理性出現，就能引導自己去掌握生命的主導權。要做情緒的主人，不要做情緒的奴隸。不論單親或雙親的家庭，若能給孩子穩定關懷與愛的行動力，讓幼小心靈充滿安全感與被愛的感覺，孩子將有自信。

實踐方法

1 推薦電影《麥迪遜之橋》，觀賞後請深思夫妻的真義。

2 規劃進修「夫妻成長課程」。

3 學習「說話與聽話的藝術」。

勇敢對媽媽說：陪我吃飯

單親的孩子容易變壞嗎？不，失親的孩子才會出問題。什麼是「失親」？就是我們和孩子每天碰面，還沒有進入他的房間，孩子就說：「你給我出去。」

小小讀者信箱

Q：我是國小六年級學生，心裡一直覺得媽媽只關心工作都不關心我，我常常一個人吃飯、寫功課、看電視。不喜歡她用電話遙控關心我，多希望有人真正陪伴我。不了解她說的只要把書念好，辛苦就值得，我只想問學校功課和媽媽的工作有什麼關係？

A：好心疼妳喲！謝謝妳願意向翊菱姐姐分享心裡的話，我能夠明白妳的心情。要上國中了，翊菱姐姐就當妳是個小大人，陪妳一起來聊聊內心的煩惱。

妳一定非常羨慕鄰居或同學，和家人相處時候傳來的歡笑，吵架的聲音或飄來炒菜的香氣，因為有家的感覺。

一個人吃便當、一盞燈陪妳寫功課，多麼寂寞的畫面。在妳這年紀，媽媽本就應該在身旁，教會妳課業成績以外的東西。例如，如何操作洗衣機、怎麼洗米煮飯、逛傳統市場去買菜等等，將來可以養活自己的生活能力。

有時大人的心情很難一次說清楚，所以就簡單表達或者乾脆不說出來。但是翊菱姐姐認為，大部分的爸爸媽媽也根本搞不清楚自己忙上忙下是為了什麼，所以就找一個自我安慰的藉口，隨口說：「好好念書，將來就可以找一個賺錢的工作。」我猜想妳的媽媽心底真正要說的是：「我一定要讓我的寶貝過著平安的日常生活，所以要認真做事。希望孩子將來有一技之長，才不會像我一樣辛苦，還讓孩子孤獨長大，眞對不起她。」媽媽都想要給孩子最完整的愛，但畢竟只有一雙手，能力有限的她只能忍痛犧牲和妳相處的時間。

翊菱姐姐分享一個方法。那就是學習勇敢對媽媽說：「好希望妳今天早一點下班，陪我吃晚飯。」然後在難得的吃飯時間裡，別說抱怨生氣的話，只要說出妳心裡想說的話。例如：「以前都是聽妳的話，放學後在家做功課，一個人看電視等妳回家，最近不知道為什麼心裡都好煩好煩。而且幾個月後就要讀國中了，我有好多話想找人說。媽媽我好希望妳能多陪我。」

化被動為主動，順便幫助媽媽了解妳心情上的需要。

教養者不可不想的事

先說一個故事，我應邀參加一個極富盛名的電視節目，探討親子之間的關係，其中一次是寒暑假安排課程的主題。我面對的來賓都是藝人與他們的孩子，藝人各個打扮得光鮮亮麗，在所難免，但他們的孩子都是十五歲以下，外表已經開始注重色彩講究造型，家境是不是富裕馬上解密。

當某藝人的孩子正在回答主持人的問題時，做母親的竟在全國播出的節目裡，非常自然地以連續劇般的表情，手指著兒子鼻子說：「你撒謊，你最好說真話。」嚇壞主持人與我們這一群所謂的專家，所有人瞠目結舌的望著他們母子。說完話，這藝人沒忘記鏡頭前的形象，擺出慣有的姿態說明她是如何費心及花錢，為孩子鋪路。衣食無缺還能繳出數萬元補習費的家庭，孩子也真是寂寞。

這男孩因為補習的日子已近而開始焦慮。眼看假期跟著消失，於是為自己安排了一週休閒生活。偶數平常日至星巴克咖啡館享受早餐到中午，下午唱歌再至淡水一日遊。另在奇數日晚上逛士林夜市，偶數日晚上逛饒河夜市。週末則是美麗華、白沙灣與電影院。一個才十五歲的孩子，如此心亂如麻地安排休閒生活，坦白說我非常同情。表面上擁有極大自由的他，其實是孤獨的。

另一個真實例子，是一個九歲的小女孩，只為了線上遊戲一千元的點數，在色情網站發出援交訊息，上面明白寫著：「我只有九歲。」竟然有二十個男性網友出價競標，不幸的事情還是發生了。疲於生計的母親對此事震驚不已，落淚自責說「我不是個好媽媽」。她的女兒成為台灣最小年紀的網路援交者。

無法如願陪伴孩子成長，是普遍在職父母或單親家庭教養者的困境。處在什麼都得花錢的時代，人的生存條件越來越辛苦。特別是單親家庭，在沒有第二人可以幫忙分工的時候，更顯筋疲力盡。然而生活在富裕家庭，沒有父母相陪長大的孩子也大有人在。這些孩子更多機會是傭人陪著成長，甚至稱她們「阿姨媽媽（音：馬麻）」。所以能不能陪伴孩子生活，實質上與家庭的經濟環境好壞無直接關係。因此在魚與熊掌不能兼得的時候，我們就必須從「價值」來選擇。

什麼是價值？就是讓孩子擁有值得回憶、感恩、回饋的親情互動。再例如，國際巨星奧黛莉．赫本，早期她所擁有的世界是：破碎的童年和兩次失敗的婚姻，但她從來不逃避自己的不安全感。就在名聲大噪之際，因為有了孩子，她選擇暫時息影。她說：「兒童和父母最初的關係，是建立愛與信任，這是支持一生情感世界重要的元素。若我們不先關愛自己的子女，不給完整的最初關係，未來的人生就會一輩子受到情感飢渴的折磨。」簡言之，創造孩子的生命價值，須來自教養者的勇氣與智慧。

許多人常抱怨孩子不懂感恩，那是孩子從沒有嘗到父母所給的「正確關懷」，人的思維傳達是依靠經驗來解讀。一味要求孩子順著教養者的安排，而忘了傾聽孩子真正的需要，就是沒有做到關懷。削好水果或煮宵夜餵養孩子，那叫生活的關照；正確關懷是在居家生活中提供專注的時段，主動打開話匣子。談談自己的生活點滴，讓孩子分享爸媽一天的喜怒哀樂，再把話題延伸，去了解孩子對自己人生的觀點。然後，再有技巧的培養他對生命產生熱忱，這才能讓孩子對父母有深刻的感受。教會孩子學習生命熱忱，比追求各種證照或高學歷來得重要。

單親的孩子容易變壞嗎？不，失親的孩子才會出問題。什麼是「失親」？就是我們和孩子每天碰面，還沒有進入他的房間，孩子就說：「你給我出去」，這就是失親。孩子成長過程需要的是懂他的人和零孤獨感。有些單親媽媽打工，會主動尋找可以把孩子帶在身邊的工作機會。若無法如願，就會縮短時間，早些回家陪孩子。這說明人可以為困境找藉口，相反的，也可以因為需要而找方法解決。

海倫．凱勒說：「生命若不是一場精采的探險之旅，就是一片空白。」當處在不得不如此的生活狀態，或總是覺得心有餘而力不足的時候，這一句話應該可以鼓勵我們。在我們無法免除陪伴孩子成長的責任時，破除既定的生活模式是必需的。因此，有計畫地賺錢比忙碌賺錢來得有效。

實踐方法

1 請重新檢視家庭的開銷計畫表。

2 請檢視自己的內心，是不是厭煩這種責任，而不斷在外頭尋求外在的忙碌？

幫助爸爸　說出心裡的話

家庭文化包含了教養者對待人的態度。溫馨的父母，養出自信熱情的孩子。冷酷的父母，他們的孩子將缺乏自信，喜歡耍老大。這種不良身教一代一代蔓延，就像家中的飲食習慣，怎麼吃就是那幾道菜，很難改變，結果特定蛋白質過剩，不知不覺造成敏感體質。

小小讀者信箱

Q：大家都說我長得好漂亮，每個人都喜歡我。可是為什麼我的爸爸天天都不高興，每一次想跟他說話，爸爸就很大聲的說：「走開啦！煩不煩。」我

做錯什麼事嗎？還好大姑姑疼我，她就像我的媽媽一樣，可是我還是希望爸爸對我好。

（讀者 曉萱）

A：翊菱姐姐也有過這樣的經驗，小時候非常害怕爸爸。家裡有一個兇巴巴的大人，真的讓我們小孩子不知道怎麼辦才好。曉萱妳沒有做錯任何事情，千萬不要有這樣的想法。

小時候常常怕爸爸打我們，所以學會了「察言觀色」。曉萱明白這句話的意思嗎？也就是如果看到爸爸的表情完全沒有笑容，這時候就讓他一個人靜靜，別吵爸爸。但是如果妳心裡剛好想找人說話，姑姑也在家，就跟她說吧。因為呀！大人很奇怪，常常教我們對人要有禮貌，不要亂發脾氣，但是他們不高興的時候，卻可以不理人。翊菱姐姐會這麼清楚曉萱的想法，是因為太多太多小朋友，跟妳有同樣的問題。

過幾天後爸爸心情好了，曉萱可以用行動力教爸爸一件事，妳可以再向爸爸撒嬌說：「我好喜歡爸爸笑起來的樣子，有笑容的爸爸才會讓我覺得，我是您的寶貝。」爸爸經過妳的提醒，他會嚇一跳喔。大人常常有煩惱，也會不知不覺地露出憂愁的表情，只是他們也要練習說話，如果憂愁的爸爸對妳說：「爸爸現在心裡有事需要安靜，待會兒妳再說好嗎？」妳就會體諒爸爸的話，而且開心的去讀妳喜歡的童話故事。

記得，雖然我們是小孩子，也要學習選對的時間告訴爸爸媽媽我們的心情喲。祝福曉萱，勇敢做自己。

教養者不可不想的事

家庭文化包含了教養者對待人的態度。溫馨的父母，養出自信熱情的孩子。冷酷的父母，他們的孩子將缺乏自信，喜歡耍老大。這種不良身教一代一代蔓延，就像家中的飲食習慣，怎麼吃就是那幾道菜，很難改變，結果特定蛋白質過剩，不知不覺造成敏感體質。我要說的是，小心孩子未來的人格特質，也有「性格蛋白質」的遺傳，不得不謹慎。

許多親友成長的實例，就是來自兒時的壓力。小時候不懂為自己說明境況，加上過度在意長輩的看法及評斷，乾脆不說話任人嘲笑。長期下來變成一種習慣，所有的憤怒、哀愁、悲嘆全往肚裡吞，最後本來感到高興、歡喜的事情，也因習慣性的壓抑，而變得「羞於表現」，深怕自己忽然展現不同於過去的舉止，例如，說出感動、說好聽話、謝謝、辛苦了、你好嗎等。即使很想把這些話說出口，卻因為在意旁人的「在意」，於是性格蛋白質讓「在意」的習慣又犯了，為了省麻煩，乾脆壓抑在心底，還是冷處理比較安全。

有次我的文章刊登在《讀者文摘》，我興奮地和大弟分享。文章主要是描寫小時候的生活，因受恩師影響才能有現在的生活品質。我期待弟弟也能一同開心，但他這麼說：「姐，妳想太多了。」當時我愣住了，只好沒趣地走開。回想起來，舍弟就是「惜語如金」的人。

我出生在五〇年代，家裡極為貧窮但姐弟眾多。我和大弟是家中喜歡讀書的孩子。記得和我相差兩歲的大弟，初中報到的時候，學校有軍校招生的宣傳。念軍校不用學費，爸媽要求他體恤家境，希望弟弟能配合。年過半百的我走筆至此，忽然啜泣控制不住淚水，因為被隱藏的兒時畫面再度浮現，憶起全家送大弟到新竹火車站的時候，他雙唇緊閉，眼睛充滿淚水卻驚恐的表情。一個十幾歲爲家庭犧牲的孩子，在沒有任何人生經驗的階段，便開始接受嚴苛的軍事生涯。退伍後，他的性格表現，就像曉萱的父親。對身旁的人事物毫無熱情，更別談鬥志了。隨波逐流的他，從不積極主動的培養職場上的競爭力，即使成家後，也只是跟著父母做一點小生意。唯一陪伴他的仍是閱讀，年已半百，仍不習慣與外人分享內在世界。前些日關心他的情況，他無奈地說：「這個年紀連打工都沒人要。」舍弟的個性像極了不說話的父親，即便是內心有熱度，硬是鎖在胸口，多麼期待他有一天能大哭一場，徹底地將小時候的委屈傾倒而出。即使捶胸頓足，我都願意陪伴在他身旁。聰明的他如果個性能和我一般，從小就敢捍衛自己的「想要」，相信弟弟的成就會大過於我。

孩子的性格過度敏感，不論課業學習或同儕關係都會陷入困局。我的姪女兒生長在價值觀偏頗的家庭，因為雙親都是不准孩子與外人說太多話的人。乃至孩子接到姑媽的電話，都吞吞吐吐的不知所云。我聽見她的母親在旁提詞，不好的榜樣正讓孩子模仿，最大的損失莫過於孩子的表達能力與人際關係的培養。我真擔心已經覺得無望的父親，他們子女的未來又在哪裡？

至今仍不願意表達自己的教養者們，閱讀到此，你們要站出來了。請給自己突破的勇氣，把過去的種種不滿大聲叫喊出來吧。別在意他人的眼光，請允許自己大哭一場吧。愛夠了自己，才能對別人付出真愛。

實踐方法

1 積極規劃閱讀「自我探索」系列書籍。

2 尋求支持團體，及早避免憂鬱症。

想家

未成年的孩子長期住校，如果是父母規避責任，孩子敏感的情緒記憶裡，將置入「被遺棄」的影像，揮之不去；不論是什麼原因，無法提供孩子安定的居家生活，他們內心的解讀就是「被遺棄」。

小小讀者信箱

Q：我是小學住校生，因為在老師辦公室裡有《聯合報》，有一天我看見「兒童天地」有人寫信給翊菱姐姐說心中的祕密，我覺得很棒，所以今天我也想寫下我在學校的心情。因為爸媽說他們很忙也說我太調皮，就把我送到

這裡來。每個星期回家後，我都想留在家中，但我不敢開口，請問我該怎麼辦？（讀者 小男生）

A：嗨！小男生你好。可憐喔，小小年紀就要離開父母住在學校裡。爸媽太忙把你送到學校，生活起居都是請老師照顧，老師取代了爸媽的責任，翊菱姐姐也覺得不太好。但我要提醒你，調皮的孩子才是聰明的孩子。調皮不是一種被處罰的理由，你不要隨便貼自己的標籤喔！爸媽為了事業就開玩笑說：「兒子太調皮，所以要住在學校」，害你以為住校是調皮被罰，絕對不是的。

學校的老師像哥哥、姐姐，雖然可以陪我們聊天，讓我們哈哈大笑，可是到了晚上好想爸媽，但媽媽說男生不能哭，就只好偷偷哭了。在學校，就算我們可以正常地吃飯，也還是比不上爸媽摟著我說：「對不起來不及煮飯啦，今天吃便當。」我喜歡吃便當的感覺，是因為有爸媽的陪伴。學校讓我們游泳、野餐、觀察植物，安排好多校外活動。這些只會讓我想起以前，爸媽帶我出去玩的樣子。回到宿舍我又哭了，因為想爸爸。所以想對爸媽說：「讓我回家好不好，我一定會聽你們的話，不再調皮了。」

知道嗎？翊菱姐姐一邊回你信，一邊哭著。我會代替你，告訴所有的爸爸媽媽：「請你們不要加班、不要和別人吃飯、不要逛街、不要打電話聊天，回家不要急著擦地板、不急著洗碗、洗衣服，陪孩子的時間就有啦！把孩子接回家吧。」

小男生，翊菱姐姐都把你心裡的話說出來了，舒服一點了嗎？下一次放假回家後，請用肯定語氣對父母說出：「我要回家啊。」

教養者不可不想的事

讓孩子回家吧，忙碌的父母們。

孩子不在身旁的確很輕鬆，少了令人牽繫窒礙的責任，有一種恢復單身自由的快感。少了孩子嬉鬧聲響的煩躁，老闆、同事、客戶之間的關係又重新啟動，滿足了成就事業的渴望。但想想孩子躲在宿舍哭泣想家的畫面，我若是這男孩的母親，心中必定充滿罪惡感。

這封信來自真實的故事。信中所言：「學校的老師像哥哥、姐姐，雖然可以陪我們聊天，讓我們哈哈大笑，可是到了晚上好想爸媽，但媽媽說男生不能哭，就只好偷偷哭了。在學校，就算我們可以正常地吃飯，也還是比不上爸媽摟著我說：『對不起來不及煮飯啦，今天吃便當。』我喜歡吃便當的感覺是因為有爸媽的陪伴。學校讓我們游泳、野餐、觀察植物，安排好多校外活動，這些只會讓我想起以前，爸媽帶我出去玩的樣子。回到宿舍我又哭了，因為想爸爸。所以想對爸媽說：『讓我回家好不好，我一定會聽你們的話，不再調皮了。』」也是孩子對我真實的傾訴。

十年前我在美國看了一部電影，忘了電影片名，內容簡述如下：

一位女醫師在自己工作的醫院，接到一個名叫Anny的愛滋寶寶。醫院按照制度規定，必須將所有愛滋寶寶安置在統一處所，好讓這些寶寶等待上帝的自然接引。女醫師不忍讓小生命如此被漠視，極力申請撫養權。醫院所有的同事都認為她瘋了。我們帶過孩子的人都明白，拉拔正常的孩子有時都教人抓狂，何況是得愛滋的嬰兒。

女醫師自己有個正值青少年的兒子。Anny回養母家後，生活開始充滿哭鬧聲及種種不方便的居家照顧。醫師的兒子極為憤怒，但做母親的並不覺得需要向兒子道歉，反而告訴兒子：「有這個機會讓你清楚，照顧嬰兒不是一件容易的事情，是很好的。」青少年最後也學會了接受，並協助母親照顧愛滋寶寶。

電影劇本的核心價值，不在談論照顧這一塊，而是出現在從小失去親人照顧的孩子，長大後的人格特質與社會的關係。劇情走到了Anny生母的出現，一個年輕漂亮卻吸毒的女孩。她處處與人為敵。女醫師收養了她的女兒半年後，生母出來爭取撫養權。當然生母獲得勝訴，但女醫師仍不放棄想要繼續照顧愛滋寶寶。尋求兩全其美的辦法，最後她非常了不起地迎接Anny的生母，到家中一起生活。

在這一份特別的關懷與真愛的影響下，這位小媽媽終於勇敢且願意去面對自己想要表達、而沒有勇氣對人表現的情感。小媽媽終於說出她的生命故事，從小也是被生母唾棄、藐視，甚至脫離關係。她極度渴望母親的愛，希望被接納。但因為被母親遺棄，所以言行舉止變得不友善，抗拒外界事物，對生命不信任。

她哭著說：「我真希望可以對人好、重視自己也想懂得愛別人。但這是我第一次有家的感覺，因為妳真正的愛、真正的關心，給我家的感覺。我要向妳說聲謝謝。」最後這個愛滋媽媽，在這穩定而充滿愛的家庭，學會了愛人、體恤人、關懷人、注意別人感受。她選擇了「善終機構」去等待生命最後的一分鐘。

愛滋媽媽最後說：「我原諒母親不給我機會，也原諒自己做出的一切。」整部電影讓我感動極深。

在別人的故事裡流淚，或多或少有自己生命經驗的攙雜與反省。未成年的孩子長期住校，如果是父母規避責任，孩子敏感的情緒記憶裡，將置入「被遺棄」的影像，揮之不去。現在的社會複雜性，遠超出我們那一個時代，愛滋媽媽的故事雖與住校情況不同，但不論是什麼原因，無法提供孩子安定的居家生活，他們內心的解讀就是「被遺棄」。為了不讓自己走後悔的路，請深思：十二歲以前的孩子，離開我們身旁的後果會是什麼？

錢能解決的「問題」不是問題，是失去親情、失去孩子才讓人有椎心之痛的問題。

小學時期別住校，讓孩子回家吧！

實踐方法

1 教養者檢視自己的生活品質，徹底反省個人的需求。
2 找出家庭對你的意義。
3 對家人表達你真誠的「愛意」。

爸爸我愛你

孩子沒有理由承擔大人的情緒。不論是不說話或愛生氣的父親，請丟棄個人的面子問題，試著向孩子或每個與你有密切關係的人，勇於認錯。承認你帶來的負面情緒，影響大家的心情，並爲此說聲抱歉。承認你的內在是有愛的，並對家人說聲我愛你。

小小讀者信箱

Q：我是小花。我的爸爸看起來非常嚴肅，平常也不愛笑。從來不稱讚我的爸爸，站在他身旁總是戰戰兢兢的。翊菱姐姐，請妳告訴我，是不是我犯了什麼錯？真希望我能親近爸爸。

A：翊菱姐姐猜測妳父親的童年應該是不快樂的。有過快樂童年的人，他會隨時和人打成一片。

就像我的父親經歷過戰爭，從小就離家，過著充滿不安的生活。晚婚的爸爸照道理會疼愛他的孩子，可是他就像小花的爸爸一樣，嚴肅、很兇、不愛笑，我很怕他。這種情況雖然令人遺憾，但是絕對與我們沒有直接關係，因此小花千萬別以為是自己做錯了什麼，要修正的是爸爸本身。妳希望能親近爸爸，那我們可以找些方法來改善關係。先謝謝妳願意分享心中的祕密。

小花可以找個機會，向家族的長輩探詢爸爸小時候的故事。就會發現爸爸的心地是善良的，只是脾氣難以控制，或者有經濟上的困難，我們就別增加爸爸的煩惱。然後觀察他每天的心情，再見機行事。

我就是這樣長大的。如果一大早，看見我的父親笑咪咪的，那天我就會跟他多說話，還問他：「爸爸想吃什麼菜？我來做。」如果他板著臉，我一句話也不敢吭。擔心說錯了會挨揍，那天我就會更勤快的做家事。後來發現其實爸爸也有令人尊敬的地方。那就是他很熱心，常主動幫助朋友。因此有一天我忘記害怕，很自然地讚美他，把他做的好事都說出來。沒想到爸爸忽然變得好開心。原來老人家也需要被讚美呀！這一招很管用。有些人固定慣了表情，心中想改變，但自己會覺得不好意思。小花，試著找出妳父親的優點，在適當的機會讚美他。我們一起來做推進器吧，勇敢說出讚美爸爸的好話。抱著爸爸說聲：「我愛你。」

教養者不可不想的事

從小有個暴力傾向的父親，讓我的生命到了四十歲才漸漸免於恐懼。小學時期有一段難以磨滅的記憶，是我的參考書借了同學，吃完晚餐後就到同學家，想取回我的書，否則功課無法完成。

沒想到同學看晚會去了。我們那個年代的晚會是自個攜帶板凳，觀賞者是依著一圈圈的人牆圍著，最後一圈的觀眾必須站在高椅上，才能觀賞到場中心的演出。我小巧的個兒，也只能在堆疊的縫隙中尋人。雙手一面撥開人縫，眼睛一面窺瞧中心點的節目表演。重要的是，在人海裡找人本就困難，我當然著迷難得的輕鬆，也就忘記原有的初衷。

搞到夜裡九點才拿到我的書，回到家已經嗅出可怕的氣氛。父親不問青紅皂白，對著我的背猛力捶了兩拳，痛得我眼淚難忍，母親則邊哭邊爲我塗抹萬金油。因為自己做錯事，所以接受父親的懲罰。長大後逐漸體會這是父親擔心我的安危，是一種愛孩子的表現。但父親永遠不知，從小活在恐懼中度日的孩子，長大後需要長期接受情緒治療，才能擺脫陰影，才能有健康的心靈。

人無覺知，就會讓後代的生命迂迴繞路。我是到了年屆半百之際，才能學習從歷史的角度，去看父親的成長過程。但我的生命歷程，因父親的不能覺察，也把我帶入他生命宇宙裡的負面磁場。這就是所謂原生家庭對孩子的傷害。

為什麼需要從歷史的角度來看呢？父親很可憐，自小受到貧窮、離鄉、戰爭、逃難的煎熬，完全在恐懼驚嚇的狀態中成長。他那沒有安全感的生命，只能將先天既有的熱情隱藏。父親常在半夜哭醒，因為想起遠方的家人。鄉愁，讓爸爸的情感世界習慣了隱藏，若要他做點不一樣的動作，或說些異於往日的語言，應該都會感到害羞吧。所以發脾氣、打孩子，變成取代他對人關心的語言。家庭真的會傷人。

相信所有閱讀這封信的讀者，都會為小花不捨。小小年紀不見應有的快樂童年，換來的竟是沉重的心情，寫信求救，只為了改善和父親的關係。我們不得不警惕自己，無辜的孩子沒有理由承擔大人的情緒。不論你是不說話或愛生氣的父親，請丟棄個人的面子問題，試著向孩子或每個與你有密切關係的人，勇於認錯。承認你帶來的負面情緒，影響大家的心情，並為此說聲抱歉。承認你的內在是有愛的，請對家人說聲我愛你。若仍不習慣說出這樣的話，就以行動表現。請伸出你的雙手擁抱，要用力地擁抱。「對的」肢體語言，某些時候勝過有聲的言語。

需要時及早向專業人士請益，說出從小承受的不滿或傷害。學會面對問題的源頭，也是一種責任學習與承擔。懂得承擔就是自覺的開始，有了自覺才能強化生命的能力。

我們沒有任何資格與權力剝奪孩子的快樂生命。

實踐方法

1 發現情緒障礙，勇於治療。

2 強迫自己做「不習慣的事」，是一種修養。

我在哪裡，家就在哪裡

如果因為工作或其他因素需要搬家，教養者首先要學習，如何解讀孩子內心的焦慮。此時，懂得安慰成為重要的事情。我所了解到的現象是，許多人搬了新家後急於過正常生活，忽略孩子心靈深處的恐懼，更糟的是，讓孩子獨自適應新環境。

小小讀者信箱

Q：好羨慕別人有固定的家，不像我們經常要搬家。我好希望有同學可以成為好朋友，可是爸爸常常換地方工作，我就得經常轉學和交新朋友。最近又要搬家了，心裡好害怕、好煩。

A：暑假了，有的小朋友忙著出國旅行，有的小朋友卻要忙著搬家和轉學，真是不一樣的命運，是不是？翊菱姐姐真想摟著妳，陪妳度過害怕的心情。雖然我們只在報紙上見面，但是希望妳可以感覺到我的關心。

妳說：「好羨慕別人有固定的家。」我猜妳真正的意思是說「自己的房子」，對嗎？搬家要整理打包衣物，做功課都來不及，還要幫忙做雜事，的確好煩。但我們換一個好玩的心情，翊菱姐姐也覺得搬家很累，但是一想到新的環境就興奮得不得了。為什麼呢？因為又有新的地方可以探險啦！比如，我會先逛一逛新家的大街小巷，看看有沒有好吃的餐廳，有沒有書店可以讓我看漫畫或發呆，社區公園有什麼神奇的植物？哇！妳看多麼新鮮好玩呀。也許有一天當妳正在公園裡，聚精會神的看著一隻蟲時，會有一個陌生小朋友也湊熱鬧來了，妳們兩人就會相互討論，不知不覺地就成為好朋友了。

好朋友不一定在學校裡才能找到，左右鄰居的孩子都可能是我們的好朋友。家也是一樣，有一棟房子不代表有一個家。妳還小，也許不懂這句話的意思，我的意思是，家裡面要有爺爺奶奶、爸媽或兄弟姐妹一起過生活，最重要的是，要有「妳」在家裡一起生活，才算是一個家。

讓我們閉著眼睛假想，有一棟房子在面前，但屋裡什麼都沒有，沒有吃飯、講話的聲音，空空的。這只是房子不是家。請記得，妳在哪裡，家就在哪裡。祝福妳有個充實的暑假。

教養者不可不想的事

有一個朋友這麼說：「我每天只為一件事情而忙碌！」問他什麼事，回說：「用心學習如何在殘酷的社會上生存。」的確，掙錢養家活口非常不容易，想要名下擁有一棟宅院談何容易呀。

年輕時候的我有體力，因此以搬家為樂。甚至安慰自己，租房子的好處是厭倦了就換新環境，還可以享受不同的布置樂趣；對人生也充滿希望，總認為未來擁有一棟可見天，可踏地的房子不是難事。編織白日夢更讓我的生活充滿色彩，於是我常在夢中花園裡，設計著自己喜歡的庭院。例如，春天凝視著嫩芽的新綠，享受等待萬物復甦的滋味；夏天期待院子有青翠的林木，在枝葉繁茂的樹蔭底下，相約好友三兩人同品咖啡香。秋來了，渴望台灣欒樹那漸層的色彩，巧奪天工的配置在外牆充當圍籬，直可媲美大家爭相賞識的楓紅；冬天雖有蕭瑟之感，但在枯瑟景象中說也奇特，竟有結實纍纍的串串紅果，南天竹明白人類依然需要鼓勵，就在刺骨寒風中送來暖意，配合節慶，在庭院中增添風情。我的夢築得真美，就這樣過了多年。

隨著年齡增長，天地夢也越來越小。「生不逢時」經常掛嘴邊，俗話說：「錢四腳，人二腳。」上班族的財富累積，永遠追不上房產需求的結構改變，果然是台灣居，大不易。夢醒時只能接受朋友的那一句話：「用心學習如何在殘酷的社會上生存」，因此「人在哪裡，家就在哪裡。」是另一半經常掛在嘴邊安慰太座的一句話。但我極感謝他的提醒，因為當我們經濟力尚不能圓滿時，承租房子是對的選擇。回想一下，我們常無覺知地把脾氣牽引到孩子身上，是不是來自生活的經濟壓力？

提醒教養者，特別、特別提醒年輕的家長，不要急於買房子，人在哪裡，家就在哪裡。是誰規定承租的房子一定得簡陋，而不能花小錢來布置成自己想要的風格？以下是我的經驗。租房子以前，先深度了解租屋環境，再與房東協商可以承租的時間究竟有多長。我喜歡長期的租約，一來可免除搬家之累，再者我會花一筆費用，重新布置家園。如更新窗簾、浴室設備、鋪地毯、做花台、布置陽台、客廳再掛上幾幅畫，並栽種室內灌木花草等。所有的客人都讚嘆不已，以為我買了新房子。但朋友都會得到如此的回答：「人在哪裡，家就在哪裡。我喜歡漂亮的家，所以我投資一點小錢，租房子不必繳房屋稅和地價稅，卻買到無價的快樂。」

如果因為工作或其他因素需要搬家，教養者首先要學習，如何解讀孩子內心的焦慮。此時，懂得安慰成為重要的事情。如信中小女孩的實際心聲，在於要好的同學即將分離，她面臨分離的不安，對於新環境，也不知如何是好。我所了解到的現象是，許多人搬了新家後急於過正常的生活，忽略孩子心靈深處的恐懼，更糟的是，讓孩子獨自適應新環境。

慢慢活吧，請兩天假邀請孩子一起布置屋子，一起逛逛新環境。遊戲似的告訴孩子，人活著就是不斷的探險。協助孩子建立可以被相信的新環境，不要忘記穩定她不安的情緒。

實踐方法

1 要孩子一起打掃、粉刷新租的房子。
2 一起購買布置房子的材料。
3 讓他布置個人房間的風格。
4 建議房間角落多一些燈飾，較為溫暖。

寂寞十七不孤獨

一個孩子若能長期擁有父母穩定的愛與關懷，他們的內心會感到平安。父母親在日常生活中，若能養成以尊重的語氣和孩子對話，也願意給孩子機會說明，傾聽他們心裡的隱憂或喜樂的聲音，便無須強勢介入孩子的任何領域。

小小讀者信箱

Q：希望妳能接納我，因為我已經十七歲了，長大總是越來越不快樂，覺得有好多困擾。我的父母什麼都要管，課業要管，交男朋友也要管。我覺得我已經可以照顧自己了，但為何大人都不能理解我，也不願意聽我的想法

呢？

（小晴）

A：喲，我服務的對象升級啦！放輕鬆一些，妳的問題我也曾問過。別擔心，雖然妳比起我的小讀者年長些，但這個問題總有一天他們也會面臨的，提早學習是一件好事。

很久以前，一本著名的小說《寂寞的十七歲》轟動台灣。可見得十七歲的心情，是每個年代都有。而那些曾經十七歲、當年也覺得什麼都需要自由的人，現在做了父母，也體認「不聽老人言，吃虧在眼前」這話的真實性；於是開始仿照上一代的模式「二話不說，反對到底」，根本忘了當初自己「受苦」的心情，也忘了希望被了解、被傾聽的重要。但一個共通的事實就是，爸媽的「管」絕對是一份對你的關愛。

人三歲的時候會好奇生活裡的冷熱痛癢以及酸甜苦辣的感覺，是人生第一階段的探索。而十七歲對世間的好奇，開始有了青春期的煩惱。小晴一連串各種心情挑戰的追問，是人生第二階段的探索。麥克阿瑟曾說：「青春不是人生的一段時光，是心情的一種狀況。」熱情、理想、情感豐沛，都是青春的代表。我們來談「照顧自己」這檔事。照顧自己要具備成熟的判斷、思考、情緒管理各種能力，據我所知，那要出社會後才能學到所有能力。妳指的照顧，應是生活起居的事吧。父母擔心孩子為了熱情，不懂拒絕而傷到自己，他們不敢直說，所以乾脆以「反對」來保護妳。

我認為約會、課業難以兼顧，所以要選擇簡單的方式來往。與異性朋友約會，可以交換生活上的見聞，趁機了解對方的程度。懂得恪守「尊重身體」才是重要原則。找方法與父母溝通並立約，讓他們放心了解約會時間、地點及回家時間，相信妳會得到支持。立約也是溝通最好的橋梁。不孤獨的方法，就是和父母無話不說。加油！

教養者不可不想的事

重新看待成長中的子女，他們已經長大，「管教」不是唯一的方法。

最近聽到一個專訪節目，某校長談論有關孩子的教養問題。受訪者積極反對與孩子「同理心、談道理」，且覺得要強勢介入孩子自主的問題。以下是她的觀點，她說：「青少年沒有叛逆期，他們就是要家長跟他們吵……」說話聲音鏗鏘有力，快節奏的語氣，令人有一種無法喘息的感覺。較令我擔憂的是主持人，頻頻釋出認同口氣，極容易誤導聽眾。

一個孩子若能長期擁有父母穩定的愛與關懷，他們的內心會感到平安。父母親在日常生活中，若能養成以尊重的語氣和孩子對話，也願意給孩子機會說明，傾聽他們心裡的隱憂或喜樂的聲音，便無須強勢介入孩子的任何領域。

強勢，表示兩人的互動關係是各執己見，互不相讓的結果。某作家說得好，「學校教育是教人才能和學識的地方，一個人的基本修養，要由家庭負責。」中國人講求「家庭倫理」，而倫理的傳承，不是應該由父母開始做起嗎？

家族有一晚輩，長得高大俊俏頗有人緣。就在大夥相聚閒談時，這一晚輩頓時成為眾人焦點。我好奇地前往探看，原來這孩子正在大力捲起衣褲，露出他那全身充滿色彩的刺青，更得意洋洋敘述刺青圖騰的由來。我以為這是生長在美國的孩子最夯的流行文化，卻見孩子的母親，雖一邊與旁人一起欣賞圖騰，但黯然的眼神說明了她內心的痛苦與無奈。

「他是我們家族最聰明的孩子，現在變得這樣，都是他那學者爸爸造成的。」我尊敬的一位親人如此說著：「他爸爸希望孩子都能依照大人的期待、計畫去完成學業，甚至指定專業研究路線。」這男孩有個乖巧的姐姐，她性格內向，一切遵照父親的指示完成學業，婚後的生活果然獲得父親一切的資助，包括舊金山一幢昂貴的房子。「學者爸爸在孩子十二歲的時候，當著不願意受管教的兒子面前說：『我就是偏心你姐姐，你要怎樣！』孩子好傷心的哭呀……」我的親人繼續感嘆著。

高中畢業後，刺青男孩就不念書了，但聽說他常常協助已經讀了大學的同學寫報告，且成績都拿A。此後聰明過人的男孩，他唯一會做的事情，就是與父親唱反調，選擇一人在外獨居，找工作養活自己。固執的父親，反對他與膚色黝黑的女性交往，孩子索性來個同居，並在眾親友前擁著女友熱吻。沒面子的爸爸，要孩子找個像樣的工作，他乾脆賣起運動鞋或三明治，並挽起衣袖露出時尚的刺青，與吧台的消費者高談闊論世足賽的結果。強勢管教的嚴父，如今只能得到兒子淡淡的招呼，就像是鄰家小孩的相遇。相對他那冷漠、自私性格的姐姐，刺青男孩的人緣相當好，陽光男孩應是他的寫照。

引發我想起家族裡鮮活的例子，是節目中這個教育單位的校長，其言語及思維使我驚訝。「專業使人窄化」真是一語道破人的迷思。即使刺青男孩的爹是學者，擁有無人可取代的學術事業，必須到世界各地去演講的成就，但失去了孩子的心之歸向，家的意義何在？可以體會這位學者的生命之沉重。因此，我們絕不能將所謂專家學者的言語奉為圭臬。每個孩子都有不同先天條件的限制，若只參照專家的觀點來處理孩子教養的問題，而忘了理解孩子真實狀況的重要性，適得其反的結果只有更糟。

我們除了提供孩子衣、食、住、行的安頓外，還必須用心觀察孩子成長過程的行為表現，也就是人格特質。「了解一切，就可以包容一切。」我常以此言提醒教養者，並說明必須從孩子的生理、心理發展來了解孩子真正的需要與學習。孩子要順勢而教，就能事半功倍。順勢而教的好處是，能夠減少親子間的憤怒、批評、抱怨等，這些令人沮喪的生活內容。

天下沒有愚笨的孩子，只有缺乏耐心的父母。

天下沒有懶惰的孩子，只有催促很急的父母。

天下沒有不可教的孩子，只是沒有找到教的方法。

在此以美國教育名諺，共勉之。

實踐方法

1 閱讀有關青年心理學書籍。

2 輕鬆看待孩子交往異性朋友的情事。

3 不以教養者的立場要求孩子完全配合大人。反向進行，也許有收成。

分享 就能找到幸福

當教養者終日忙於「布置」孩子的「學歷」時，就會嚴重忽略他們內心的渴求。孩子們一道道的大哉問，說明他們是天生的哲學家，對世界充滿好奇也充滿疑惑。

小小讀者信箱

Q：翊菱姐姐您好！我很愛看電視劇，常常聽到男女主角說「幸福」。請您告訴我們小學生，要怎麼找到幸福？

一群國小人 敬上

A：嗨！翊菱姐姐說啊，你們是一群小大人而不是國小人。

電視劇裡的「幸福」，大部分是談男女主角兩人的感情世界。年紀老的人看了，覺得愛情會變的，擁有健康才是真幸福。青少年看了，也許希望自己就是主角，因為能夠被人欣賞是很有面子的事，但是沒有才藝誰會欣賞？至於小朋友的幸福嘛，應該很簡單。

肚子餓的時候吃一頓大餐，感覺幸福。小朋友得到新玩具，感覺幸福。這一次月考數學沒考鴨蛋，感覺更幸福。爸媽帶我出國旅行，好幸福喲！但你們發現了嗎？這樣的「幸福」感覺一下子就不見了。為什麼？告訴你們吧，因為明天肚子還是會飢餓，玩具容易被更換，數學有可能又考不及格，出國嘛！還得看爸媽的心情呢。所以呀，電影或電視的劇情是為了收視率，就增加了好多不是真實生活的內容。

翊菱姐姐覺得你們這個年紀的幸福，就是可以交到好朋友，天南地北無所不談，當然包含心中的祕密。假日可以一起自由自在地做想做的事情，例如，看電影吃爆米花、在書店看漫畫一起討論，也滿好玩的。同學跟人吵架，我們會勸他要忍耐、不要生氣，這也是一種幸福呢。

寫到這裡，我想起小學六年級時，有一位同學每次都會帶家中的糖果餅乾到班上分享。對於生活在貧窮家庭的我來說，能夠分享食物給別人，真是一件快樂的事。這個畫面一直到現在我都記得很清楚，所以我要說「懂得分享」就能夠找到幸福的感覺。因為真正的幸福，是能夠放在「記憶」裡永不忘記的事。

教養者不可不想的事

小孩的腦袋裝了些什麼，我們很難清楚。大人常常認為小孩的心思單純，沒什麼人生問題可談。記得我五、六歲的時候曾向母親說：「如果現在的我死掉後，以後還會有我。以後的那個我再死掉，還是會再有我。」媽媽回我：「神經病，小孩子別亂想。」我從小至今對於「聲音記憶」有著聽過不忘的能力，特別是人與人之間的對話。若這是一種天賦，那麼自幼我就是個對生命充滿好奇的小孩。我想母親可能是沒有能力陪伴我探索各種人生問題，所以才會拿傳統的教條，輕鬆打發我的疑惑。

我的小讀者，半大不小的年齡，已經開始尋找他們的人生意義了。「怎麼尋找幸福？」「人生為什麼要有痛苦？」「我們為什麼會死？」「為什麼爸媽只愛弟弟，不愛我？」「人為什麼要結婚？」「我們為什麼要活著？」「為什麼要做乖孩子？」天哪！這些都是孩子親筆寫給我的信。記得于美人邀請我上「非關命運」的節目時，她還把小朋友的親筆信一篇篇念給觀眾聽呢。

當教養者終日忙於「布置」孩子的「學歷」時，就會嚴重忽略他們內心的渴求。孩子們一道道的大哉問，說明他們是天生的哲學家，對世界充滿好奇也充滿疑惑。孩子能夠理解人生的疑惑，才能滿足他們的好奇心，但是在無人可以解惑的時候，只好尋求次文化團體。為避免孩子的心向外求，教養者應該學習如何讓孩子的心靈獲得滿足。

台灣的校園曾幾何時也淪陷在毒品的世界裡，更讓人痛心的是小學生也開始餵毒。

藉此篇幅，提醒家中尚有未成年孩子的家長們，要多放心思陪他們了。也許讀者要問：「我們自己都不了解人生，要如何陪孩子談人生？」如果是這樣的話，從現在開始學習。不論您的年紀有多大，就開始吧。

如何學習？首先從家庭的人事物開始學習觀察。人生的問題不能給答案，而是「討論」出來的。答案會因為價值觀的改變而有所變化，所以陪孩子在家閒談的時候，每一次都要設定主題。不同的話題，長期討論下來可以滿足孩子的「為什麼」，以後他就比別人多了些無形財富。請記得對話時的重要技巧，在於教養者只需扮演「反問」的角色，將孩子的問題重複一次，把問題丟回給孩子。這樣有個好處，可刺激孩子「想一想」自己真正的問題重點。以下例子是假設議題：

【爸爸，人要怎樣才能得到幸福？】

孩子：「爸爸，人要怎樣才能得到幸福呢？」

爸爸：「你認為怎樣才能得到幸福呢？」

孩子：「嗯～那要看幸福的定義是什麼了！」

爸爸：「那你對幸福的定義是什麼呢？」

孩子：「我想想看，現在我是學生。幸福對我來說，應該是得到好成績。」

爸爸：「為什麼得到好成績才幸福？」

孩子：「有好成績，你們就會開心哪！」

爸爸：「我們開心就是你的幸福嗎？」

孩子：「說實話，我不清楚耶。」

爸爸：「那我說說自己的觀點，不一定和你一樣喔。雖然你有好成績，但爸爸認為幸福的感覺，應該是你真正懂了你要學的東西。那是一種成就感，讓你覺得自己很幸福。」

孩子：「哇！爸爸好厲害。說出我真正的感覺了。」

這種理性形式的對話，台灣的教養者極少有機會練習。他們慣用老一輩的說教方式向孩子表達，反而失去了「對話遊戲」的機會。「對話遊戲」的互動往來，較不容易產生親子之間的情緒對立、衝突，而「反問技巧」的益處是，可以在雙方的「思考」時間裡，同步想一下自己對問題的理解程度。自我分析後，才能適度調整下一句「本來要說的話」。這過程就是理性討論，是不是很簡單呢？

幸福可以被討論。關於您的人生，需要與自己討論一下嗎？成人的世界雖已複雜化，但這時候如果重新依照個人的生命需要，做對的「閱讀計畫」，例如古代經典，《論語》、《莊子》、《老子》、《易經》等書，讓古智者結集的生命之花，來陪你一起討論人生，滋潤我們枯竭的心靈；另一方面用來印證我們走過的生命道路，是否正如他們的提醒？藉著閱讀的力量，讓接下來的生命充滿覺知，一起陪孩子尋找簡單的幸福。

實踐方法

1 上網購買「兒童哲學」相關書籍。

2 居家陪伴時，訂定計畫協助孩子討論「人生問題」。

3 教養者請大量閱讀「人生哲學」的書籍。

【小朋友給翊菱姐姐的親筆信】

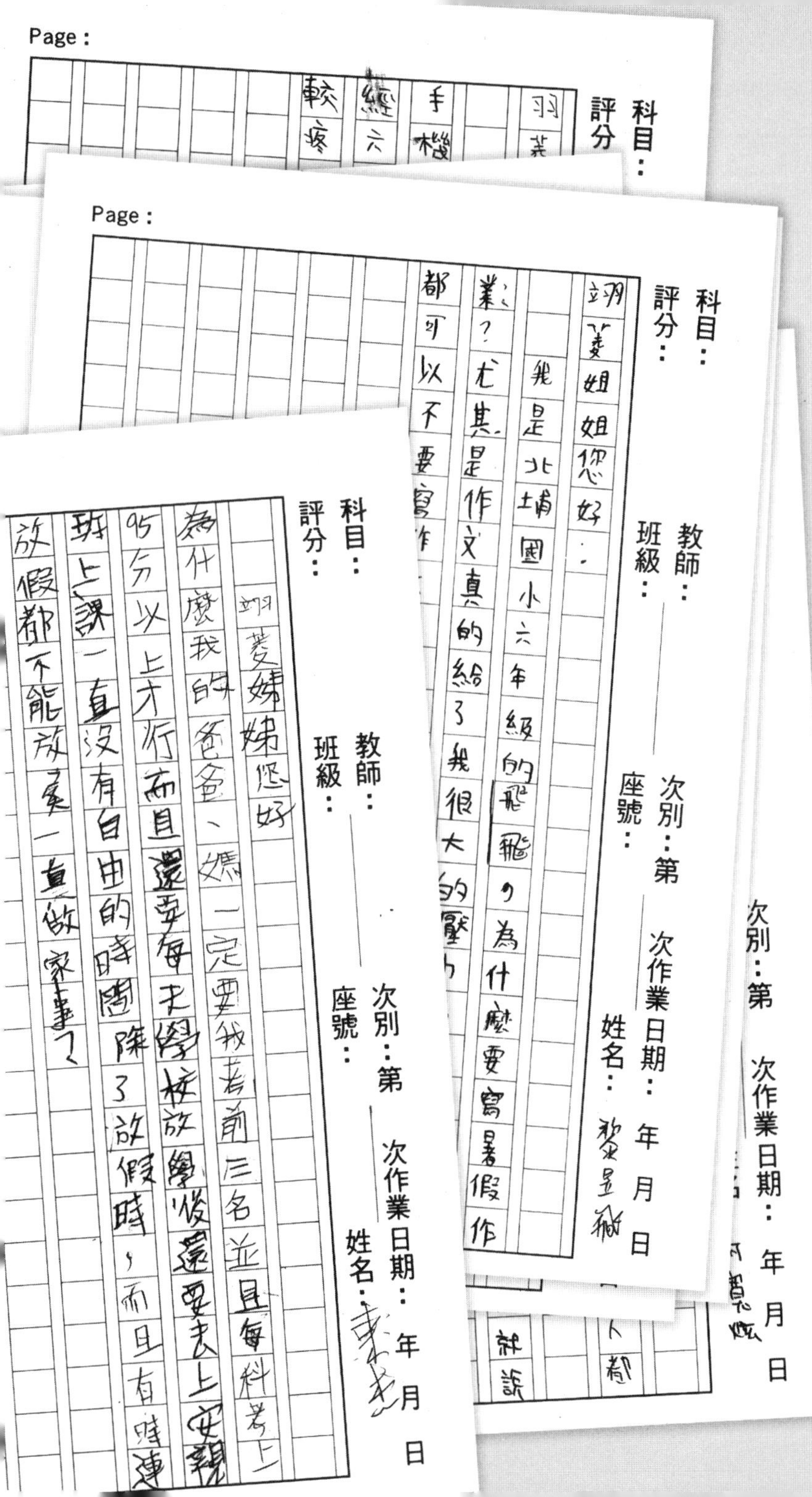
翊菱姐姐您好：
我是北埔國小六年級的飛飛，為什麼要寫暑假作
業？尤其是作文真的給了我很大的壓力
都可以不要寫作
翊菱姊姊您好
為什麼我的爸爸、媽媽一定要我考前三名並且每科考上
95分以上才行而且還要每天去學校放學後還要去上安親
班上課一直沒有自由的時間除了放假時，而且有時連
放假都不能放，一直做家事了

國家圖書館預行編目資料

你的孩子洗澡時會唱歌嗎？／李翊菱著；--初版.--臺北市:寶瓶文化,2012.01
面；　公分.--(catcher；48)
ISBN 978-986-6249-73-0　(平裝)

1.親職教育 2.親子關係

528.2　　100027946

Catcher 048

你的孩子洗澡時會唱歌嗎？

作者／李翊菱

發行人／張寶琴
社長兼總編輯／朱亞君
主編／張純玲・簡伊玲
編輯／賴逸娟・禹鐘月
美術主編／林慧雯
校對／賴逸娟・呂佳真・陳佩伶・李翊菱
企劃副理／蘇靜玲
業務經理／盧金城
財務主任／歐素琪　業務助理／林裕翔
出版者／寶瓶文化事業有限公司
地址／台北市110信義區基隆路一段180號8樓
電話／(02)27494988　傳真／(02)27495072
郵政劃撥／19446403　寶瓶文化事業有限公司
印刷廠／世和印製企業有限公司
總經銷／大和書報圖書股份有限公司　電話／(02)89902588
地址／新北市五股工業區五工五路2號　傳真／(02)22997900
E-mail／aquarius@udngroup.com

法律顧問／理律法律事務所陳長文律師、蔣大中律師
如有破損或裝訂錯誤，請寄回本公司更換
著作完成日期／二〇一一年十一月
初版一刷日期／二〇一二年一月
初版三刷日期／二〇一二年一月三十一日
ISBN／978-986-6249-73-0
定價／三〇〇元

AQUARIUS 寶瓶 文化事業

愛書人卡

感謝您熱心的為我們填寫，
對您的意見，我們會認真的加以參考，
希望寶瓶文化推出的每一本書，都能得到您的肯定與永遠的支持。

系列：catcher 48　**書名：你的孩子洗澡時會唱歌嗎？**

1. 姓名：________________　性別：□男　□女

2. 生日：_____年_____月_____日

3. 教育程度：□大學以上　□大學　□專科　□高中、高職　□高中職以下

4. 職業：______________

5. 聯絡地址：____

聯絡電話：________________　手機：________________

6. E-mail信箱：_________________________________

□同意　□不同意　免費獲得寶瓶文化叢書訊息

7. 購買日期：____ 年 ____ 月 ____日

8. 您得知本書的管道：□報紙／雜誌　□電視／電台　□親友介紹　□逛書店　□網路　□傳單／海報　□廣告　□其他

9. 您在哪裡買到本書：□書店，店名__________　□劃撥　□現場活動　□贈書　□網路購書，網站名稱：____________　□其他__________

10. 對本書的建議：（請填代號　1. 滿意　2. 尚可　3. 再改進，請提供意見）

內容：_________________________

封面：_________________________

編排：_________________________

其他：_________________________

綜合意見：____

11. 希望我們未來出版哪一類的書籍：_________________________________

讓文字與書寫的聲音大鳴大放

寶瓶文化事業有限公司

（請沿此虛線剪下）

寶瓶文化事業有限公司　收

110台北市信義區基隆路一段180號8樓
8F,180 KEELUNG RD.,SEC.1,
TAIPEI.(110)TAIWAN R.O.C.

（請沿虛線對折後寄回，謝謝）